LE DICTIONNAIRE DE MA VIE

Thierry Marx

LE DICTIONNAIRE DE MA VIE

Réalisé avec Laurence Monsénégo

KERO

Collection dirigée par Christian de Villeneuve

Maquette : Olo.éditions
Photographie : © Mathilde de l'Ecotais

ISBN : 978-2-36658-510-0

Humble quand on est fort
et fort quand on est faible

Amitiés

Avant-propos

Pourquoi ai-je fait ce dictionnaire ? Par curiosité probablement, parce que je me demandais quels termes j'allais bien pouvoir choisir pour chaque lettre… Et puis ils sont venus comme ça ces mots qui emplissent le sac de ma vie, qui composent ce background à résonance très personnelle que je promène avec moi ici et là. Certains correspondent à des faits de société, ils m'ont permis quelques coups de gueule salutaires – je pense notamment à Xénophobie qui dénonce cette société mal en point qui se cherche des boucs émissaires. D'autres sont des mots urticants qui démangent et dérangent lorsqu'on les emploie. De A à Z, tous ont compté dans ma vie, il m'en reste encore à foison !

C'est donc un abécédaire très intime que je vous livre, en espérant que vous y trouviez le même plaisir que j'ai eu à le réaliser.

A

Arts martiaux

« On ne gagne pas parce qu'on est le meilleur ;
on gagne parce qu'on ne peut pas perdre. »

Pas un jour sans que les arts martiaux rythment ma vie !

Titulaire d'une ceinture noire d'escrime au sabre – *ken* se traduit par « sabre » et *do* par « l'esprit du sabre » –, j'ai aussi pratiqué l'aikijutsu, le jujitsu, et je m'entraîne encore et toujours. À mon âge, c'en est fini des compétitions lors de combats officiels. Me reste ce formidable levier pour gagner : la compétition avec moi-même, celle que je remporte quotidiennement en me levant à 5 h 45 le matin pour me rendre à l'entraînement. On ne gagne pas parce qu'on est le meilleur ; on gagne parce qu'on ne peut pas perdre. Encore faut-il se préparer. Les arts martiaux donnent le cap : se lever le matin en bonne condition physique.

Qu'est-ce que mon métier de chef cuisinier et celui de chef d'entreprise ? C'est de faire en sorte que, en groupe, des compétences techniques deviennent opérationnelles. C'est compliqué. Je gère huit cents personnes, des individus dont les savoir-faire sont parfois extrêmement pointus. Comment les faire vivre ensemble ? Comment mener à bien ces deux pics de production que sont le service du midi et le service du soir ? Si je manifeste trop de stress, j'angoisse tout le monde ; si je relâche trop la pression, le travail se délite. Dans les deux cas, rien n'aboutit. Aider à créer une réalité opérationnelle sans pression excessive, en mettant du temps entre ses émotions et ses actions : voilà à quoi sert l'art martial.

Ça a commencé bizarrement. Ma mère en avait assez que je me bagarre toutes les cinq minutes – des petites guerres de territoire à deux balles entre ceux du bâtiment A et ceux du bâtiment B… « Fais donc un sport où c'est autorisé, où tu pourras te défouler », m'avait-elle suggéré. Pour elle, les conflits de quartier étaient seulement dus au débordement d'énergie de la jeunesse.

C'est ce que j'ai fait. Je me suis inscrit gratuitement à deux sports, le judo à Champigny-sur-Marne et la boxe au ring montreuillois. Au départ, je m'imaginais que, plus costaud, je me sentirais davantage en confiance pour en découdre si nécessaire, que j'aurais aussi moins peur de circuler dans la cité. Certes, plus personne ne venait me chercher des noises comme c'était le cas à une certaine époque, mais, en réalité, cela m'a isolé. Initié à un monde méconnu de mes camarades – un Japon fantasmé et une philosophie de vie que m'inculquait un prof lui-même fasciné par cette culture –, je me suis insensiblement éloigné de la cité sans pour autant trahir qui que ce soit : je ne resterai pas là, avais-je averti. C'était partir ou mourir. Quand j'étais gamin, les coupures d'électricité et les galères de fric faisaient partie du quotidien. La vie dans ces quartiers difficiles, ce n'était pas pour moi. Je m'étais fixé cet objectif et j'ai de la peine lorsque les gens de mon milieu social n'osent pas me contacter ou pensent que j'ai renié mes origines. C'est une erreur. Je n'ai pas changé, j'ai conservé cette même loyauté que je place au-dessus de tout.

C'est le présent qui compte. Le passé est passé, on ne peut plus rien pour lui ; quant au futur, il sera le présent lorsqu'on le vivra. L'art martial s'occupe du présent. Il propose d'analyser l'instant en un éclair pour fournir la réponse appropriée – laquelle peut être entre autres la fuite ou l'évitement. Reculer n'est pas fuir. Avant l'ultime recours qui est d'affronter l'obstacle, on peut le contourner dans un axe où l'on ne nous attend pas.

Les arts martiaux, ce n'est pas une succession de coups de pied et de coups de poing ou de techniques ; la puissance sans la technique ne sert à rien, la technique sans une certaine condition physique non plus. Les arts martiaux mêlent le corps et l'esprit, une sagesse partagée aussi par l'Antiquité grecque, dans un acte méditatif pour tenter de laisser passer un temps entre ses émotions et ses actions, et de mettre un peu d'intelligence dans ses combats. Quel sens y a-t-il à répondre dans la minute aux dizaines de SMS ou d'e-mails que l'on reçoit chaque jour, à ce stress qui n'a pas lieu d'être ? « Quand il est urgent, c'est déjà trop tard », disait Talleyrand. Même un médecin urgentiste témoignerait de cette nécessité de garder un temps consacré au questionnement : avant d'apporter une réponse efficace, on pose d'abord un diagnostic. Les arts martiaux préparent à cela, à ne pas se laisser engluer dans des émotions nocives. C'est une mécanique.

Au Japon, j'ai pratiqué à l'université de Tenri[1] et à l'École de kodokan[2] où s'applique le concept du *Shu Ha Ri*, l'apprentissage en trois étapes : *apprends en silence, apprends et comprends, innove.* Parce qu'on ne peut pas casser les codes pour innover sans avoir appris au préalable à les respecter. C'est ce que les arts martiaux nous enseignent, c'est aussi

1. Université japonaise connue pour la qualité de sa formation sportive, son entraînement très intensif et ses valeurs traditionnelles.

2. Centre international de judo situé dans l'arrondissement de Bunkyō, au nord de Tokyo.

mon *satori*[3] et ma devise de management, ce qui m'amène à être bienveillant avec les gens, mais dur avec les faits. Il n'est jamais bon de déconsidérer l'autre.

Je pense avoir été éduqué à la japonaise : si dans ma famille personne ne se plaignait, ni mes parents ni mes grands-parents, c'est parce qu'ils avaient subi des événements indicibles, et aucun mot n'aurait été à la hauteur de ce qu'ils avaient vécu – durant la guerre de 1914, mon grand-père a été blessé et a perdu un membre de sa famille ; lors de la Seconde Guerre mondiale, il est entré dans la Résistance, et son frère a été déporté… Mieux valait se taire.

On ne peut comparer l'enseignement japonais à l'enseignement français. Au Japon, lorsqu'on entre dans un dojo[4], on salue le lieu puis on s'installe et l'on salue le professeur : *Sensei ni rei*, qui signifie : « Salue celui qui a su avant toi. » Le cadre éducationnel est posé. Il faut ensuite se concentrer, être très assidu en cours et profiter de l'enseignement des aînés – en France, on se croit toujours obligé de se lancer dans de grands discours et de poser de multiples questions… À genoux en position *seiza*[5],

3. Une expérience qui se prolonge, un chemin.

4. Lieu sacré où l'on vient pratiquer les arts martiaux japonais ou la méditation zen et suivre la voie. *Do* signifie « la voie » et *Jo* « le lieu ».

5. La personne s'agenouille sur le sol en repliant les jambes sous les cuisses, tout en reposant les fesses sur les talons.

on se calme et l'on se prépare à recevoir l'enseignement : c'est la méthode pour se donner le temps de la réponse appropriée.

Je me souviens parfaitement de professeurs comme Shozo Awazu[6], qui inculquait le geste en décomposant le mouvement : « Le geste, ce n'est pas *je saisis*, *je prends*, *je tourne*. Effectivement, on décompose le mouvement pour apprendre, mais, en fait, le corps ne fait qu'un. »

L'art martial, c'est faire pour apprendre, sinon cela reste théorique. « Calme, en avant, droit », disait le général L'Hotte. L'illustre écuyer en chef du Cadre noir entrait dans le manège au galop, sur un cheval tenu par deux fils de soie. Sa formule résume tout autant les grands principes de l'idéal équestre que ceux des arts martiaux. Tout le monde l'oublie, mais l'équitation aussi est un art martial. Les samouraïs pratiquaient le *yabusamé*, le tir à l'arc à cheval, avant de s'intéresser à d'autres disciplines. Maîtriser un animal de 600 kilos quand on en fait 60 exige énormément d'assurance, d'équilibre, de sensibilité, car si votre monture ne vous accepte pas, les chances de rester sur son dos paraissent extrêmement faibles. Le considérer, le seller, le monter correctement, ne pas être distrait par ses humeurs – il peut s'énerver contre une mouche et mettre

6. Judoka japonais, 9e dan, né le 18 avril 1923 à Kyoto et mort le 17 mars 2016 en France. Il est l'un des fondateurs du judo français.

à terre le cavalier qui n'a pas anticipé –, savoir décoder les signes, tels sont les éléments d'une négociation réussie avec l'animal comme avec son partenaire au judo ou en aïkido. C'est ce que les Japonais nomment le *zanshin*, l'esprit disponible, la vigilance envers l'adversaire.

Hormis la pratique, ce qui m'intéresse également dans l'art martial, c'est sa spiritualité, la dimension la plus intéressante, celle qui permet de s'inscrire dans la durée. Je connais de très grands champions de judo qui n'ont jamais revêtu un kimono après les Jeux olympiques, parce qu'ils avaient seulement fait de cet art une forme de compétition. Ce n'est pas suffisant. Chacun peut garder le choix de l'orientation de sa pratique, mais les valeurs du martial relèvent du domaine éducatif, du cadre éducationnel choisi.

J'ai enseigné le judo à Pauillac près de Bordeaux, j'enseigne toujours, mais la position d'élève me convient mieux. J'ai encore beaucoup à apprendre et il n'est pas sain de rester enseignant, de transmettre en s'enfermant dans ce que l'on pense être le réservoir de la connaissance. La connaissance, on y accède par « le faire », c'est un accomplissement quotidien. C'est pourquoi l'enseignant, le *sensei*[7], doit savoir rester élève.

7. Terme japonais désignant celui qui était là avant moi, qui est garant du savoir et de l'expérience d'une technique ou d'un savoir-faire.

Dans l'approche managériale de mes entreprises, j'utilise le code d'honneur du judo, celui de Kanō[8], le créateur du judo moderne, qui place la loyauté au-dessus de tout. Mais encore faut-il être loyal avec soi-même pour l'être avec les autres et, même si c'est le cas, il peut se trouver des loyautés qui s'achoppent. Il faut donc apprendre à trancher. À un certain niveau, l'aspect martial du management est évident. Les manuels de management d'entreprise s'inspirent d'ailleurs des manuels de stratégie de la guerre, à l'instar de l'enseignement des maîtres chinois comme Tsun Tzu[9]. J'ai eu la chance d'assister à des interviews de Mike Tyson où il expliquait que tous les boxeurs élaborent une stratégie avant de monter sur le ring, mais que, au premier coup de poing dans la figure, ils doivent en changer. Si nous ne sommes pas attentifs à nos propres fondamentaux, à notre loyauté envers nous-mêmes, il est facile de dire : « Ce n'est pas juste » ; « C'est la faute de l'autre »...

Le management et l'art martial nous apprennent à « diffuser ». Comme la feuille de thé dans l'eau chaude, à gradient descendant. Cela veut dire sans

---

8. Jigorō Kanō est le fondateur du judo kodokan. Il est à l'origine d'innovations pédagogiques comme l'utilisation des ceintures noire et blanche et le système des grades.

9. Auteur de *L'Art de la guerre*, l'ouvrage de stratégie militaire le plus ancien connu.

émotion ni pression excessive, sans e-mails mettant en copie douze personnes parce qu'on a peur de regarder les gens en face. Je peux adresser un e-mail à quelqu'un et lui donner rendez-vous à la machine à café. Les Occidentaux ont souvent du mal avec cette approche.

Par exemple, j'impose le salut à tous mes collaborateurs. Le matin, nous nous saluons puis passons un peu de temps ensemble à boire le café et à nous reconnecter. C'est une pratique fort rare dans le monde de l'entreprise, ce qui est bien dommage. Bonaparte l'exprimait déjà pour son corps d'armée sous cette forme : « Nous sommes indépendants pour vivre, mais devons rester unis pour gagner ; moi tout seul, je ne peux rien faire. »

Certains disent : « Dans mon entreprise, je n'accepte pas l'erreur. » Eh bien, dans mes entreprises, j'ai rebaptisé les erreurs en opportunités. Lorsqu'une opportunité se présente, on en fait l'analyse causale, puis on trouve des solutions. Qui a fait l'erreur ? Probablement moi. C'est moi qui ai recruté la personne et qui ne l'ai probablement pas installée au poste approprié. Ce fonctionnement libère la conscience des collaborateurs : ils ont le droit de se tromper. Mais ce droit leur donne aussi le devoir de réparer. Parce que, ce qui compte à la fin, c'est l'expérience client.

Évidemment, tous les Orientaux ne font pas d'excellents managers et tous ne pratiquent pas les arts martiaux. Mâtiné d'une discipline martiale toute japonaise, le modèle économique occidental a pris le dessus au Japon et le stress excessif qu'il induit favorise les suicides. La culture de la performance a produit des êtres soumis à des tensions exagérées.

C'est en 1997, avec la mise en réseau des ordinateurs, que le monde s'est accéléré. Pourtant, nous ne sommes encore que des êtres humains, nous ne pouvons dépendre de l'outil numérique pour nous inventer des vies qui n'en sont pas. Comment supporter qu'avec 2 500 amis sur Facebook, on ne trouve personne le matin avec qui prendre son café ? Et il ne s'agit pas là d'une réalité virtuelle, mais de la vraie vie. Fort heureusement, il me semble que ce XXIe siècle offrira la chance à l'humain de prendre le dessus, de choisir le vivre-ensemble plutôt que de s'entre-tuer. En 2050, nous serons 9,7 milliards d'individus sur cette planète : il va falloir apprendre à philosopher, à manger mieux, à être moins dispendieux. L'outil numérique capable de tout mesurer, de tout analyser, peut nous aider à mieux vivre et à gagner du temps en allégeant la charge de travail et non en intensifiant la performance dans l'entreprise, ce qui n'aurait aucun sens. Mais c'est un choix. Celui de l'avant-garde, du franc-tireur.

B

Boulangerie

« Le pain, c'est le plus beau modèle gastronomique français. »

La boulangerie, c'est ma première approche métier.

Jusqu'à la fin du primaire, je n'étais pas mauvais élève – disons que je me situais dans la moyenne de la classe. Je n'étais certainement pas destiné à faire une sixième extraordinaire, mais j'aurais pu persister tranquillement dans cette voie si je n'avais dû m'expatrier de mon quartier de Belleville et Ménilmontant pour la cité du Bois-l'Abbé à Champigny-sur-Marne. Quitter une belle école haussmannienne pour un minable préfabriqué de banlieue où les profs n'ont de cesse que de nous enseigner tout un tas de matières auxquelles je ne comprenais rien fut très douloureux, autant dire que ma motivation et ma confiance envers l'école et son personnel éducatif se sont alors considérablement effritées. J'ai décroché scolairement.

De temps en temps, retournant dans mon ancien quartier pour rendre visite à mes grands-parents, je passais devant la boutique d'un boulanger qui exhibait fièrement en vitrine un magnifique four en pierre. Cet homme n'avait rien fait comme tout le monde. Chez lui, pas de baguettes, uniquement des pains spéciaux qu'il vendait à un prix que lui seul décidait – aujourd'hui, le prix de la baguette est libre, ce n'était pas le cas à l'époque. Je m'arrêtais parfois pour lui en acheter et j'en profitais pour lui poser quelques questions. Lui, c'était Bernard Ganachaud, un homme formidable qui avait cassé les codes. Dans les années 1970-1975, les métiers de la boulangerie s'industrialisaient. On installait dans les magasins des terminaux de cuisson, des équipements de fermentation contrôlée pour faire de la pousse directe – une fermentation panaire rapide obtenue à partir de levures industrielles –, on ajoutait des améliorants à la pâte pour vendre plus de pains puisque son prix était fixé par l'État. Ganachaud avait pris tout cela à contre-pied. Dans un four à bois, il cuisait des pains sur levain[1] aux fermentations naturelles, à base de farines rares uniquement. C'était une vraie réussite écono-

1. Mélange de farine et d'eau ayant fermenté grâce aux bactéries naturellement présentes sur l'enveloppe du grain de blé et celles présentes dans l'air.

mique, les clients du Tout-Paris se pressaient dans le XXe arrondissement pour acheter son pain. Il est devenu mon modèle – ils n'étaient que deux à Paris à avoir réussi en résistant à l'industrialisation du secteur : lui et Poilâne. Installé rue du Cherche-Midi dans le VIIe arrondissement, ce dernier avait développé une tout autre philosophie, le travail en monoproduit, soit un seul pain… le fameux pain Poilâne. Et cela n'a jamais changé. Aujourd'hui encore, Apollonia, qui a repris à dix-huit ans les rênes de la célèbre boulangerie familiale, après la mort accidentelle en hélicoptère de ses parents Lionel et Irena, continue à faire le même pain.

C'est la boutique de Ganachaud qui m'a donné l'envie de commencer un apprentissage en boulangerie. J'aimais l'idée du travail de nuit, la solitude qu'il impliquait, le temps qu'il dégageait dans la journée pour faire autre chose. Et puis ce métier me paraissait noble, le type avait réussi avec peu de compétences, sans faire beaucoup d'études : c'était fait pour moi.

J'avais évoqué la question avec son entourage, mais les gars m'en avaient dissuadé. La boulangerie, ça ne paye pas, mieux vaut tenter la pâtisserie. J'ai donc dit oui à la pâtisserie. Ce sera mon premier contact avec la gastronomie. C'est dans le cadre des Compagnons du devoir que j'ai entrepris la formation, avec un petit regret de ne pas passer un CAP de boulanger, ce que je ferai plus tard. J'ai réalisé mon tour de France pour apprendre le métier. À la Cayenne de Nantes (la maison des Compagnons du tour de France des devoirs unis), j'ai eu la chance de travailler chez un compagnon boulanger qui faisait également de la pâtisserie. Durant tout mon apprentissage, l'idée de faire de la boulangerie ne m'a jamais quitté. J'ai poursuivi ce rêve.

Pourquoi la boulangerie m'a-t-elle autant attiré ? Peut-être parce qu'elle était mon camion de pompiers à moi... Certains enfants rêvent de devenir des soldats du feu, moi j'étais fasciné par la flamme qui crépitait dans le four en pierre de la boulangerie. Ensuite, parce que en travaillant de nuit quand les autres se reposaient, j'avais l'impression de gagner du temps pour profiter de la journée. Depuis ma petite enfance, même si je ne dors aujourd'hui que cinq heures par nuit – d'un très bon sommeil, certes – et qu'il me reste tout de même dix-neuf heures par jour pour mes activités diurnes, ce sentiment me poursuit : jamais je n'aurai assez de temps.

Enfin, il y a également la dimension sociale et symbolique du pain. Quand on ne mange pas à sa faim, quand il n'y a pas de viande, la protéine, c'est le pain. J'ai aimé la littérature autour du pain, le pain liberté de la Commune, le pain de l'échange, le pain de vie, et au-delà du message biblique, tous les messages qu'il véhicule. Chez les Compagnons, le pain est très important : le terme *com-pagnon* signifie d'ailleurs « celui avec qui on partage le pain ».

Ce n'est que de l'eau, de la farine et du sel et, pourtant, je continue à penser que c'est le plus beau produit de la gastronomie française. Parce qu'il faut un vrai talent d'artisan pour qu'il soit bon. Tout est dans la fermentation, le pétrissage, le façonnage, dans la mise en cuisson. C'est le geste, un geste utile ; c'est le feu, pour cuire sans brûler ; c'est le temps, celui du faire et celui de la saison. Comme en cuisine, comme dans les arts martiaux. Je me répète : le pain, c'est le plus beau modèle gastronomique français !

C

Cuisine

« Parce que la cuisine induit
l'absolue nécessité d'innover,
écrire une cuisine d'auteur
a été ma solution. »

La cuisine, c'est le fil rouge de ma vie. Très vite, j'ai découvert que, au-delà de sa fonction première – nourrir –, elle produisait aussi du lien social. La cuisine, c'est une ligne invisible tendue entre celui qui fait à manger, qui offre du travail, du soin, de l'attention, et celui qui accepte de lui faire confiance en dégustant ses plats. C'est important.

Dans ma famille, nous n'avions pas du tout cette vision des choses. La cuisine n'était intéressante que parce qu'elle rythmait la journée en nous remplissant le ventre. Aucune volonté de transmission de recettes de grand-mère, rien de chaleureux autour des repas, si ce n'est lors de l'unique banquet familial qui se tenait une fois par an, et encore : la réunion se terminait invariablement en disputes, chacun repartait fâché jusqu'à l'année suivante. Quand j'étais enfant, mon grand-père m'emmenait dans les bistrots ouvriers. Ensuite, je fréquentais plutôt les cafétérias de banlieue. Les restaurants, la grande cuisine, c'était pour les riches.

La gastronomie a toujours été bourgeoise, réservée à une élite sociale capable de s'y intéresser et de payer pour. Aujourd'hui, ni le bistrot ni la brasserie ne sont véritablement accessibles. C'est toujours très cher, trop cher, certains s'en défendent et jouent au bon bougnat – ces brasseries tenues autrefois par des Auvergnats, où se vendait aussi le charbon –, oubliant allègrement que ceux qui y mangeaient avaient les moyens de se mettre à table en dehors de leur domicile.

Je n'ai disposé autour de moi d'aucun modèle apte à me transmettre la fibre de la cuisine. C'est venu progressivement. Une chose est sûre : ma formation m'a aidé à me construire socialement, à regarder autrement les personnes issues de la même origine sociale que moi ou les plus aisés, et à mesurer l'attractivité réciproque que ma cuisine faisait naître. Être chef, c'est donner. Mais on ne nourrit pas un client comme une mère ou un père nourrit ses enfants. Dans un restaurant, c'est le client qui décide d'être nourri par vous. Dès lors, comment assurer une forme de séduction à sa cuisine et instaurer une relation de confiance avec le client ?

Parce que la cuisine induit l'absolue nécessité d'innover, écrire une cuisine d'auteur a été ma solution. Bien sûr, au début on apprend la cuisine des autres. Mais certains n'en sortent jamais, ils la recopient *ad vitam aeternam* quand d'autres osent se tromper. L'innovation, elle est dans l'erreur, dans le cahier d'essais et non dans celui de recettes, c'est du darwinisme pur : ce qui ne s'adapte pas meurt. La cuisine participe de cette théorie à impact social et environnemental : soutenue par la science, elle donne de la mémoire à de l'éphémère.

J'ai toujours été dans le pourquoi, rarement dans le comment. La technique, le comment on fait les choses, on l'apprend assez vite. Pourquoi on les fait est autrement plus intéressant : donner du sens à l'action, c'est là où se niche la créativité. Pour écrire cette cuisine d'auteur, nous avons créé un véritable cerveau collectif pluridisciplinaire à l'université d'Orsay. Là, je me suis beaucoup trompé, mais j'ai également découvert un tas de nouvelles opportunités, regardé des produits sous un angle différent, des textures inattendues. Avec la technique de cryoconcentration, j'ai notamment pu tester comment un produit travaillé par le froid libère toute sa quintessence et révèle une consistance différente, souvent surprenante. Ma cuisine tourne autour de cela : tenter de réaliser une cuisine d'auteur qui me ressemble, qui ne triche pas avec ce que je suis, qui exclut toute propension au mimétisme ou au suivi de tendances, une cuisine contestée peut-être, mais qui me permet finalement de durer.

Certains artisans sont de véritables artistes. Ils travaillent, besognent, ont le souci du détail. Certes, à un moment donné une création voit le jour, mais au départ ils sont avant tout dans l'artisanat. La cuisine est un métier créatif. Même si les chefs ont du mal à l'assumer, ils revendiquent parfois une créativité que les autres n'ont pas eue ou qui diffère de celle de leurs challengers. Comme chaque citoyen est aujourd'hui en capacité de se positionner en critique, ils ont donc tout intérêt à savoir qui ils sont et pourquoi ils réalisent telle cuisine pour y faire face.

La critique envahit tout. Elle définit votre notoriété, votre épanouissement social. Si vous ne savez pas qui vous êtes, si vous ne trouvez pas votre propre identité, il va être très difficile d'y résister. « Les modes passent, le style reste », disait Chanel. Pour elle, les modes n'avaient que peu d'importance, ce qui comptait c'était l'identité du produit. Il me semble effectivement que c'est encore plus vrai au XXIe siècle. Je rencontre tellement de gens en souffrance qui s'identifient aux projets des autres par manque de projet personnel ! La moindre tendance qu'ils sentent utile de suivre, ils s'y précipitent. Très tôt, dans l'enfance déjà, j'ai senti que je n'accepterais pas les autorités qui me paraissaient néfastes. Les personnes toujours dans le comment et jamais dans le pourquoi, je m'en suis constamment éloigné et je ne regrette pas ce cheminement.

Je me souviens des critiques lorsque j'ai ouvert mon restaurant *Sur Mesure*, sans le soutien de personne, ma profession n'attendant qu'une seule chose : que je me casse la figure. C'est très français, cela s'applique aussi à de nombreux autres secteurs artistiques (la mode, le spectacle...) : on est envieux du voisin, on attend qu'il s'effondre deux ou trois fois et s'il s'en sort, on finit par se dire : « Tiens, il vaut peut-être quelque chose. » C'est profondément ridicule. En cause, pour ma part, la cuisine moléculaire. On a appelé à la barre un certain nombre de personnes pour me faire des procès : « Regardez, disaient-elles, Marx c'est l'antiterroir, l'anticuisine classique, l'anti-Escoffier[1] ! » Or, si l'on se réfère à la plupart des chefs, je fais partie de ceux qui ont le plus lu Escoffier, qui le connaît le mieux, dans le détail. Mais non, il fallait me faire la peau. Ce n'est qu'après m'avoir vu me ramasser puis rebondir plusieurs fois qu'ils ont dû se rendre à l'évidence : il allait falloir compter avec moi. La détermination est une posture, ne jamais reculer, à l'instar des

1. Auguste Escoffier (1846-1935) était surnommé le « roi des cuisiniers ». Ses ouvrages culinaires ont contribué à faire connaître la cuisine française dans le monde.

libellules, voilà ce que j'explique aux gamins, ce qui m'a permis de tenir face aux critiques concernant ma cuisine, moléculaire de fait, puisque comme toutes les autres, elle résulte d'un assemblage de molécules entre elles !

La cuisine moléculaire, ce n'est pas une tendance, c'est simplement un outil pour comprendre ce qui se passe lorsqu'on transforme un produit. Cela n'avait jamais été exploité, même si cela avait été remarqué au début du XXe siècle par Auguste Escoffier, un grand monsieur de la cuisine, s'inspirant de Pasteur, de Maillard, des physico-chimistes de l'époque. Dans son premier livre devenu un succès planétaire, il écrit : « La cuisine sans cesser d'être un art devra soumettre ses formules trop souvent empiriques à la science. » La cuisine devait évoluer, on ne pouvait plus se satisfaire de son empirisme.

Au cours de mon cursus, j'ai d'abord été étiqueté « cuisine pas mal », « bon mec », « bonne formation », « élève de », pour finir par « pas suffisamment élève de ». Je n'avais pas fait l'école hôtelière, je n'étais pas « fils de ». Comme la mondialisation pointait son nez et, avec elle, ce qu'on nommait alors la cuisine techno-émotionnelle appuyée sur des labos de recherche et de développement pluridisciplinaires répartis sur toute la planète, en type curieux, je m'y suis intéressé. Cela se passait partout. En Espagne avec Ferran Adrià[2], en Italie avec Davide Scabin[3], en Angleterre avec Heston Blumenthal[4], aux États-Unis avec Dan Barber[5]. En travaillant avec eux, en participant à des compétitions communes, je me suis aperçu que les chefs français bénéficiaient d'une base plus forte, un socle patrimonial solide – dans « patrimoine », il y a « père » et donc « repère » –, fondé sur les écrits d'Escoffier bien sûr mais aussi de Gouffé[6], de Carême[7], de Massialot[8] ou encore ceux d'auteurs comme Talleyrand qui tous ont laissé d'immenses traces écrites à propos du patrimoine mondial de la cuisine. On ne parle plus de cette époque d'intense bouillonnement techno-émotionnel, seule survit peut-être encore la cuisine danoise. Étiqueté représentant de la cuisine moléculaire, j'étais quant à moi considéré comme le type le plus chiant du

---

2. Célèbre chef du restaurant *El Bulli* à la plage de Montjoi près de Roses.

3. Chef de *Combal. Zero* près de Turin.

4. Chef britannique propriétaire du restaurant *The Fat Duck* à Bray dans le Berkshire.

5. Chef américain, copropriétaire des restaurants *Blue Hill* à Manhattan et *Blue Hill at Stone Barns*, État de New York.

6. Jules Gouffé (1807-1877) : célèbre cuisinier et pâtissier français du XIXe siècle, appelé l'« apôtre de la cuisine décorative ».

7. Antonin Carême (1784-1833) : chef français sous la Révolution ayant participé à l'éclosion de la haute gastronomie française au moment où les cuisiniers d'aristocrates poussés à l'exil se voient contraints d'ouvrir des restaurants en ville.

8. François Massialot (1660-1733) : confiturier de Louis XIV, il appartenait à un groupe de cuisiniers dits « extras », qui ne dépendaient donc d'aucune maison et que l'on appelait pour les grands festins.

monde, capable d'expliquer qu'on pouvait réaliser une mayonnaise sans jaunes, et même sans œufs du tout, ou un soufflé sans blancs. Sauf que, aujourd'hui, c'est ce que les végans demandent ! Voilà pourquoi je fais confiance à la science pour sa capacité à entrevoir demain, à prévoir le manque d'eau et à gérer les 9,7 milliards d'individus qui en auront besoin, ainsi qu'à imaginer la gastronomie de 2050.

Sinon nous, les humains, allons droit dans le mur quand la planète, elle, nous survivra.

C'est donc dès maintenant qu'il s'agit de consommer militant et de repenser la cuisine en lui donnant du sens, et c'est ce à quoi je m'emploie. Tous mes restaurants sont 80/20 – 80 % végétal, 20 % animal –, je travaille avec des poissonniers qui me fournissent des produits issus d'une pêche objectivement durable. Tout cela a du sens. On parle aujourd'hui d'économies durables beaucoup plus horizontales qu'avant, qui permettent à des régions, à des terroirs et territoires de se renforcer socialement et économiquement pour continuer à cheminer ensemble. Je crois à ces circuits-là qui sont courts : le cuisinier fait travailler le boucher qui lui-même fait travailler l'éleveur, etc. J'ai beau être végétarien depuis longtemps maintenant, bien avant qu'on apprenne que la production de viande nécessite plus d'eau que celle des légumineuses ou des céréales – ce qui a renforcé ma conviction –, je cuisine la viande, je la goûte et je fabrique même du foie gras. Mais je reste très attentif à la souffrance animale, les viandes servies dans mes restaurants proviennent toutes d'élevages certifiés.

Il est évident que, si je n'avais pas pris ce virage de la cuisine moléculaire, probablement aurais-je été un chef beaucoup plus cosmétique. Parce que je le dis sans animosité : on consomme aujourd'hui plus de chefs que de cuisine. J'étais récemment au Japon : le jeune chef qui devait poser pour notre photo de groupe nous a quittés prestement pour aller se changer, parce que, aujourd'hui, on ne fait pas de photo en veste de chef, mais en jean retourné et en Stan Smith. Dans les magazines, les gars posent littéralement, les agriculteurs aussi d'ailleurs. Il est devenu très chic de montrer que l'on élève des vaches dans le Larzac en jean Dior et bottes en caoutchouc siglées, ou de porter sur sa tête de trentenaire la casquette plate de nos grands-pères. Cela a bien sûr toujours existé, mais avec beaucoup moins de relais images qu'aujourd'hui.

Je n'ai quant à moi jamais cru aux approches cosmétiques. Elles ne tiennent pas longtemps. Dans ma vie privée, je n'utilise pas ce type d'artifices, je ne lutte pas contre l'inévitable (l'apparition d'un bouton sur le nez, d'une ride sur ma calvitie, d'un an supplémentaire tous les douze mois). Je m'en fiche. Je continue d'avancer. Le concours *Top Chef* diffusé sur M6 m'a permis d'acquérir un peu plus de notoriété, indispensable pour obtenir de la visibilité et créer ainsi des écoles d'insertion. J'ai choisi une autre voie que celle qui consiste à monter tout un tas de petits restos, à acheter une belle voiture, à se faire offrir une montre ou un costard pour poser sur les photos – de toute façon, fichu comme je le suis, je n'intéresse aucun couturier ! Cela n'a aucun sens. Je fais avec ce que je suis et je ne m'en émeus pas.

Aujourd'hui, on le constate, la cuisine se vend sur Instagram avant d'être dégustée. C'est le *food porn*[9], un des hashtags les plus populaires sur les réseaux. On ne va plus au restaurant parce qu'on a faim, on y va parce qu'on a envie de manger, d'être étonné, pour créer du lien autrement, en échangeant avec des millions de personnes que l'on considère comme des amis potentiels la photo de ce que l'on a dans son assiette. Et pourquoi pas puisqu'il y a des clients ? Je ne vais pas dire que c'était mieux avant. Je m'en fiche. Le temps est passé, on consomme du chef parce que, depuis 1997 et la première mise en réseau des ordinateurs, les premiers comptes sur la Toile, les premières adresses e-mail, la capacité à communiquer s'est accélérée. Cela ne pouvait pas ne pas avoir d'impact, quels que soient les domaines d'activité.

9. Phénomène qui désigne le fait de photographier sa nourriture puis de partager ses photos avec ses amis, fans et followers sur les réseaux sociaux.

Ma cuisine, je la revendique. N'ayant pas grand-chose à dissimuler, je n'ai aucun souci pour en parler. Je n'utilise ni gélatines, ni texturants, j'emploie des produits bien sourcés et je m'appuie sur leur connaissance intrinsèque. J'apprends beaucoup en voyageant. En Inde, j'ai découvert la cuisine ayurvédique[10] et ses bienfaits sur la santé ; en Chine, c'est le travail sur la pâte, sur les tensioactifs – les liants – qui m'a intéressé. Il faut rester curieux pour ne pas vieillir. Si vous perdez votre curiosité, vous ne regardez plus que le passé, vous perdez votre jeunesse et vous dites : « C'était mieux avant. » C'est donc sur le présent qu'il faut travailler, mon restaurant s'appelle d'ailleurs *Sur Mesure* pour cette raison. Tous les soirs, on me fournit la liste d'ingrédients disponibles le lendemain matin au marché bio de Rungis. Je vais par exemple cuisiner de la courge butternut, parce que c'est le jour où il y a le plus de courges butternut au marché et qu'elles sont très belles. Cuisiner un produit, c'est lui donner un confort de dégustation tout en restant au plus près du goût originel. J'étudie la peau de façon scientifique. Elle est nourrie de pectines, ce qui veut dire que je peux gélifier le jus de cuisson sans avoir à ajouter le moindre additif. Et puis je vais regarder la couleur, la capacité à la préserver

10. Tendance culinaire s'appuyant sur une médecine ancestrale qui est aussi une philosophie et qui s'intéresse au bien-être de l'être humain dans sa globalité.

– ce sont les couleurs qui créent l'appétence, l'envie de consommer. Je suis capable aujourd'hui de vous dire où j'ai acheté les œufs ce matin, comment je les ai transformés, pourquoi on a gardé une cuisson traditionnelle ou pourquoi au contraire on a modernisé le procédé et ce que cela procure en termes d'émotion.

Rien n'est traditionnel. Dire que la tradition c'est le droit de se marier à douze ans comme dans le temps, c'est faux. De quelle tradition parle-t-on ? « L'ignorance est la mère des traditions », énonce Montesquieu. Ce qui est important ce sont les transmissions, les transmissions de savoir-faire. Ce sont elles qui vont donner de la durabilité à la tradition. Ce que le client vient chercher dans la cuisine d'un chef en particulier, c'est de l'expérience. Une expérience qu'il ne trouve pas chez un autre.

Je peux défendre ma cuisine parce que j'essaie de faire plaisir aux autres et je me fais plaisir en la réalisant. C'est l'essentiel. Lorsque, après cinq années d'émissions, on m'a annoncé que *Top Chef*, c'était fini, je me suis dit qu'il était temps de passer à autre chose. J'en avais assez de déambuler devant une caméra, je n'avais plus les mots. Ensuite, j'ai choisi des expériences nouvelles comme *Un chef en prison*, *Passeport pour le crime*, *Les Carnets de Julie*. J'ai eu envie de faire du journalisme : pour l'agence Capa[11], j'ai parcouru l'Europe pendant un an comme reporter et témoin de ce qu'il se passait dans les prisons, en développant la réinsertion par la gastronomie. J'ai eu envie de faire des émissions sur la science dans la cuisine : j'en ai fait cinquante-deux avec Julie Andrieu[12]. Je ne m'interdis rien.

---

11. Première agence de reportages et de documentaires en France.
12. *Les Carnets de Julie avec Thierry Marx* est un magazine hebdomadaire de gastronomie visant à explorer le patrimoine culinaire à travers les yeux d'un chef.

D

Doute

« Quand il y a un doute,
il n'y a pas de doute : j'avance. »

J'ai eu cent mille raisons de douter de moi en permanence, mais étonnamment le doute ne m'a jamais dispensé de l'action, il est même inhérent à chaque acte de ma vie. Pour le minimiser, je me prépare physiquement et intellectuellement. J'ai traversé tant de mers de l'incertitude que j'écoute maintenant avec aise cette petite veilleuse intérieure qui me dit : « Fais-le, tu es prêt, que risques-tu ? » Comme un artilleur sur le terrain, je regarde, j'étudie tous les angles possibles et je ne tergiverse pas. J'avance. J'observe les réactions, les résistances qui se présentent, je constate les faits, les effets collatéraux, puis je m'attelle à mon projet : compter ce qu'il reste et aller de l'avant. J'avoue que ce comportement plutôt carré m'est souvent reproché !

Mes doutes portent sur l'inconstance de l'âme humaine. On peut vous dire blanc un jour et noir le lendemain sans que cela porte à conséquence, sauf pour moi. Mon fonctionnement personnel exclut ce type d'attitude ; si je donne ma parole, je m'y tiens. Ce n'est, semble-t-il, plus à la mode... J'ai des doutes sur la loyauté, sur l'honnêteté – pas la mienne – et il y a des raisons objectives à cela. Pour honorer un contrat, nos aînés se serraient la main quand il faut de nos jours signer un milliard de pages pour se protéger des loyautés et honnêtetés de façade, des paranoïaques qui ont peur d'eux-mêmes et ne savent que tromper. Alors, je me mets physiquement en condition, certains doutes m'excitent et j'y vais, d'autres trop importants me freinent. En règle générale, je fais tout pour n'avoir qu'un minimum de doutes en tenant compte de la versatilité de l'humanité.

Lorsque je dois recruter un collaborateur, je lui pose deux questions : pourquoi désire-t-il travailler dans ma compagnie ? et où se voit-il dans deux ans ? En réalité, seule l'ambition m'intéresse. S'il me répond qu'il sera directeur F&B[1] dans deux ans – en gros mon poste –, ça me va, on pourra discuter. Il ne m'aura pas pris en traître, je lui confierai une mission, il m'aidera et je l'aiderai peut-être à construire son projet. Quoi qu'il arrive, une rela-

1. Food and Beverage Manager.

tion de confiance pourra s'instaurer. Mais certains ne dévoilent pas leur ambition. Lorsque le doute m'assaille, je lance des questions pour obtenir une réaction : « Vous ne vous voyez pas dans deux ans ? Cela voudrait dire que vous êtes quelqu'un sans projets ? Vous ne voulez pas reprendre une licence de lettres ? Vous n'avez pas envie de quelque chose ? » S'il ne répond rien, c'est qu'il est peut-être venu travailler avec moi en pensant que tout allait être merveilleux. Et moi je sais très bien que nous serons fâchés dans six mois ou qu'il sera rongé par la frustration parce qu'il pensera ne pas gagner assez. On ne peut pas commencer par un mensonge. Quand il y a un doute, il n'y a pas de doute : j'avance.

J'ai beaucoup douté de l'école, du collège en particulier. Je sentais confusément qu'il ne m'apportait rien, mais mon sentiment restait ambivalent. Ma petite veilleuse m'a aidé à trancher : j'ai quitté l'établissement.

J'ai aussi douté de ma relation avec certaines femmes. C'était extrêmement ambigu. D'un côté, j'avais énormément de plaisir à vivre cette relation, mais de l'autre, je sentais qu'elle risquait de me tirer vers le bas, de me ralentir et finalement de me priver de la mission que je m'étais assignée : m'épanouir au mieux dans ma vie et être clair avec moi-même. Certains auraient vécu la passion jusqu'au bout, folie comprise, moi, j'ai quitté des femmes alors que j'en étais profondément amoureux. Les Japonais appellent cela le *battōdō* : l'art de couper. Je ne suis pas très doué pour cela, c'était douloureux, mais je l'ai fait. Je suis parti, sans me retourner.

E

Étoile (Troisième)

« La consécration du monde culinaire. »

Du jour où j'ai croisé la route de Bernard Loiseau, de Joël Robuchon et de Claude Deligne, je l'ai su : ils seraient mes modèles. Comme eux, j'aspirerais à décrocher ce symbole de l'excellence et de la consécration du monde culinaire : la troisième étoile du guide Michelin.

J'ai beaucoup cru dans les guides, j'y crois encore. Ils ont posé un cadre et généré une attractivité forte autour d'une profession qui compte environ 170 000 restaurants en France. Par leur implication dans le secteur, ils ont défendu tout autant le patrimoine culinaire que l'environnement et les petits producteurs. Ce sont eux, les Michelin et Gault & Millau, qui ont fait des cuisiniers, des auteurs. Alors, oui, je les soutiens et je n'ai aucun problème à le faire : ces gens-là m'ont fait exister et, sans la première étoile, je ne compterais pas dans ce métier. Je l'ai eue en moins d'un an au restaurant *Roc en Val* à Montlouis-sur-Loire, j'ai décroché la seconde à Nîmes puis à Bordeaux quasiment dans les deux mêmes années. Alors, merci. Et même s'ils ne m'ont encore attribué que deux étoiles, je ne baisserai pas les bras, jusqu'au bout je continuerai à me battre pour la troisième en tentant de convaincre un maximum de gens que je la mérite et en démontrant pourquoi. Si certains considèrent que je ne la mérite pas, ce ne sont pas eux qui comptent pour moi. Une chose est sûre : être « élève de » ou « fils de » facilite son obtention. « Tu sors d'où ? T'as fait quoi ? » sont les sempiternelles questions auxquelles les chefs de ma génération ont été confrontés tout au long de leur vie professionnelle. Tous se connaissent, à peu près tous ont travaillé ensemble, dans les mêmes maisons. Ils forment un véritable vivier, totalement étanche. Il faut être très fort pour contourner ce système…

Quoi qu'il en soit, la troisième étoile reste mon étoile du Berger, mon repère professionnel, même si ce n'est pas parce qu'on l'a obtenue qu'il faut se croire un élu du divin et ne pas se remettre en question. J'y crois, point. Et sans que cela devienne une folie obsessionnelle – cela ferait plaisir à trop de monde –, j'y pense jour et nuit. Mais pour autant, je ne lâcherai rien en ce qui concerne mon identité ;

à force de viser la lune, on loupe les étoiles. Je ne ferai pas la cuisine d'un autre, je ne me plierai pas aux tendances du trois-étoiles en remplissant des chariots d'une kyrielle de petits-fours ou d'une centaine de fromages destinés à la poubelle en fin de service, je ne modifierai pas mon physique pour poser sur les photos et n'essaierai pas de ressembler à un chef qui détient trois étoiles. Non, je ne rentrerai pas dans cette exagération-là.

Cette quête d'étoiles nuit-elle à mon identité ? C'est la seule vraie question que je me pose. Au xxe siècle, perdre ses étoiles signifiait perdre toute légitimité et, par voie de conséquence, son emploi, sa maison, son investissement. Si je me bats pour ces trois étoiles, c'est parce que je crois qu'elles sont encore légitimes, même si tout le monde n'est pas forcément d'accord avec moi. Alors, comme je l'ai toujours fait, je prends des risques calculés, et j'aime ça. Jamais je n'ai été fou, mais si je n'avais pas osé me lancer hors de ma zone de confort, je ne m'en serais jamais sorti. J'ai dépensé de l'argent que je n'avais pas ; j'ai pris des engagements que j'ai eu beaucoup de difficultés à tenir mais que j'ai respectés. Vers 1995, je me suis battu pour avoir mon propre jardin de un hectare sans que personne n'en parle ; à Pauillac, j'ai créé mon premier écosystème ; en 1997, j'achetai mon propre bateau de pêche avec M. Gouzil. C'est tout cela, cette troisième étoile.

Je me souviens d'une époque où le guide Michelin attribuait des Espoirs 3. Deux années de suite, je l'ai été, mais je ne comprenais pas ce qu'il me manquait pour passer à l'étape supérieure. J'avais l'impression d'avoir fait le maximum dans ce lieu, la maison pour laquelle je travaillais ne voulait plus investir suffisamment pour tester autre chose, pour risquer de relancer le restaurant, alors, je suis parti. C'est la règle du jeu, elle est dure, mais dès le départ cela a toujours été difficile pour moi. Je ne compte pas le nombre de fois où j'ai été stigmatisé en tant que gosse du 140[1], jeune du Bois-l'Abbé[2] ou de la cité des Boullereaux ; le nombre de fois où j'ai mangé mon chapeau parce qu'on me signifiait que je ne représentais pas suffisamment la cuisine française, comme ce jour où on a refusé à un journaliste bien intentionné de m'intégrer dans la sélection de chefs étoilés de son article de presse, sous ce fameux prétexte.

J'ai débuté les arts martiaux en me disant que la vie allait être un sport de combat, je me suis lancé à la poursuite des étoiles en sachant que j'allais à la confrontation. Je me souviens du mépris de ma profession lorsque vers 1989-1990 j'ai monté mon premier restaurant. Ce mec qui arrive d'on ne

1. Les grands-parents de Thierry Marx habitaient au 140 de la rue de Ménilmontant.

2. Grand ensemble de HLM en béton situé à cheval sur deux communes : Champigny-sur-Marne et Chennevières-sur-Marne.

sait où, qui prétend à une étoile... Et là encore, merci Michelin, merci Gault & Millau ! Sans eux, je n'existerais pas. La considération de ma profession est venue plus tard. En France, il faut tomber plusieurs fois pour que l'on s'intéresse à vous et que finalement, on vous repêche après vous avoir abîmé. C'est contre ce fonctionnement qu'il faut mener des combats, pour que les gens ne se croient pas condamnés à l'échec.

En choisissant le chemin des étoiles, je savais que cela allait être compliqué, je l'assume totalement. Ce que je paie, c'est d'être différent, de ne pas être « élève » de ou « fils de », de ne pas raconter d'inepties sur les terroirs quand ceux-ci ont plutôt profité à la grande distribution qu'aux simples petits producteurs. Seulement voilà, il est un temps où l'engouement pour le concept de terroir, omniprésent dans la communication, éclipse toute volonté d'analyse scientifique.

J'ai accepté ces embûches et je ne suis pas sûr que sans elles j'aurais été là aujourd'hui. Je ne vois plus dans le paysage certains d'entre nous qui avaient pourtant de bien meilleurs CV que le mien. Ils n'ont pas été obligés de ruser, d'accepter de faire n'importe quoi comme j'ai été obligé de le faire. Pour eux la voie était tracée, trop peut-être.

En France, on ne peut s'empêcher de vous étiqueter, de vous mettre dans une case. Le même sentiment me traversait lorsque, môme, je draguais dans les beaux quartiers et que les filles trouvaient chic de sortir avec un type qui portait un cuir. Mais comment exister dans le monde des étoilés sans être né dans le Sud-Ouest, la Bretagne ou la Touraine ? Qu'allais-je bien pouvoir raconter ? Des histoires de cité HLM et de jardin potager – je plantais bien des trucs, mais ce n'était pas ce qu'on attendait… Dès lors, comment m'attribuer une troisième étoile sans se désavouer ? Sans m'offrir une légitimité dangereuse pour le système ? D'autant plus que je me suis laissé emporter par des propos qui ont choqué. « Dès que j'aurai la troisième étoile, j'ouvrirai un kebab », avais-je annoncé, au grand dam de la profession. Je pensais alors à mon quartier et je n'ai pas oublié, je vais le faire.

Heureusement, les choses changent. Des gens issus des quartiers et de la diversité, il y en a et il y en aura de plus en plus qui ne revendiquent rien d'autre que de pouvoir exercer leur métier, sans passe-droit particulier. « Par qui es-tu parrainé ? » m'avait-on demandé à l'occasion du concours du Meilleur Ouvrier de France. « Par personne ! » avais-je répondu en me remémorant cette question tout aussi idiote qu'un banquier m'avait posée lorsque, jeune homme, je tentais d'obtenir un prêt :

« Qui donc cautionne votre prêt ?

— Personne, je sors d'une cité HLM, monsieur. Personne n'a trois cent mille balles pour cautionner le prêt dont j'ai besoin pour monter ma boîte ! »

C'est ainsi, nous sommes différents et inégaux face à la vie, le fait de m'en apercevoir très tôt m'a évité de m'installer dans la frustration ou, pire, de rentrer dans le rang.

C'est la détermination qui conditionne la vie, particulièrement dans les quartiers. J'ai participé à la création des Déterminés de Cergy avec Moussa Camara[3]. À ces jeunes créateurs d'entreprises des quartiers populaires, j'expliquais : « Si vous avez une détermination positive, ce n'est pas à 100 % que vous devez être déterminés, c'est à 200 % ! » – je précisais bien « positive », une détermination négative pouvant se révéler extrêmement dangereuse.

Bien que nous aimions l'autoflagellation, la France reste malgré tout un pays merveilleux. On ne doit pas oublier sa ruralité extrêmement intéressante, son agriculture pas encore totalement dézinguée sur laquelle on pourrait bâtir un modèle pour l'Europe, la transmission des métiers et des savoir-faire français enviés par l'ensemble de la planète, la french touch qui fonctionne bien à l'international. Dès que l'on sort des sentiers battus, on peut très rapidement trouver sa place dans ce pays. Mais il ne faut pas craindre le *fight* spirituel, un *fight* peut-être plus métaphysique ou intellectuel que physique.

3. Originaire de Cergy-Pontoise, engagé dans l'univers associatif et entrepreneurial, il lance en 2015 l'association à but non lucratif Les Déterminés avec l'objectif de favoriser le développement de l'entrepreneuriat en banlieue et dans les milieux ruraux.

Alors, oui, la troisième étoile correspond à ce que je crois juste dans ce métier, je ne l'ai jamais considérée comme un artifice et ce n'est pas cette quête qui me fera changer d'état d'esprit. Je fais le job, je suis capable d'expliquer ce que j'accomplis, d'où sortent mes produits, de faire visiter la cuisine. Mais attention, « un moustique empêche un géant de dormir », dit très justement le dalaï-lama. Alors, effectivement, me la donner reste compliqué… En tout cas, je continue à travailler pour et je le dis à mes collaborateurs : « On finira par avoir raison ! »

F

Femmes

« Je dois beaucoup aux femmes,
comme tous les hommes, semble-t-il. »

Je dois beaucoup aux femmes, comme tous les hommes, semble-t-il. Elles ont fait mon éducation, m'ont aidé à gravir les échelons, à prendre les portes qu'il fallait, à m'intéresser aux études, à la lecture, à l'informatique. À savoir dire non aussi.

Je n'ai jamais eu d'attirance pour la « dragouille à deux balles » du collège. J'y ai bien connu une fille, et c'était plutôt sérieux, mais je dois mon épanouissement sentimental à des femmes toujours beaucoup plus âgées que moi. Avec elles, ni palabres ni romance de pacotille, jamais je n'ai été fan de ce genre d'illusions.

L'une des premières filles que j'ai connues était un peu plus âgée que moi ; elle devait avoir dix-sept ans quand j'en avais treize et, dans mon souvenir, elle était très jolie. Moi, je traînais à l'époque avec deux ou trois potes protecteurs dans un terrain vague de Ménilmontant. Pour y accéder, il fallait escalader un amas de poutres métalliques et s'installer dans les carcasses de bagnoles abandonnées là. Personne ne pouvait nous atteindre. Elle, elle se pâmait et se tortillait devant des types qui jouaient les voyous ; je ne supportais pas de la voir se comporter ainsi. Elle m'avait emmené voir *West Side Story*. J'avais tellement détesté le spectacle que, jusqu'à la sortie des *Blues Brothers*[1], j'ai développé une aversion pour toutes les comédies musicales ! Je suis sorti avec elle assez longtemps, nous nous sommes quittés sans jamais nous revoir lorsque je suis parti vivre en banlieue. J'ai su qu'elle avait continué ses études et qu'elle était décédée très jeune.

Je n'ai connu ensuite que des femmes beaucoup plus âgées que moi, aptes à m'éduquer dans tous les sens du terme : me forcer à reprendre mes études, à écrire correctement, à lire un peu, à écouter de la musique et à comprendre ce que j'écoutais. Je me souviens de l'une d'entre elles à qui je tenais particulièrement. Pleine d'audace – on voyait alors peu de filles dans les quartiers –, elle enfourchait sa moto, défiait les garçons et ensemble, dans les chambres pourries de nos HLM, nous passions nos nuits à écouter « Angie » des Stones en regardant

1. Film culte de John Landis sorti en 1980.

s'allumer et s'éteindre les lumières des bâtiments. Je ne percevais pas qu'elle avait déjà dix-neuf ans, moi quatorze, que si tout se passait bien physiquement, elle avait cependant des désirs différents des miens. En partant à l'armée, j'imaginais la séduire, j'allais revenir auréolé de la gloire du héros… À mon retour elle était mariée ! Du coup, désabusé, j'ai quitté le quartier en décidant de ne plus y retourner ; elle n'aurait ainsi plus de nouvelles de moi, ni moi d'elle d'ailleurs. Nous étions dans les années 1984-1985, c'était la première fois que l'on entendait vraiment parler du sida. La toxicomanie n'avait pas cours dans nos quartiers, seuls se droguaient les intellectuels ou les artistes, pas les gens comme nous, issus du milieu ouvrier. C'est en rentrant de l'armée que j'ai ouvert les yeux sur une nouvelle réalité. Une copine était morte du sida, les caves des immeubles faisaient office de salles de shoot, entre seringues et cuillères servant à préparer les doses, il me fallait parfois enjamber des potes partis en vrille au point de ne plus me reconnaître. C'était la mort. Je n'ai pas cherché à rester, quarante-huit heures à peine après être arrivé, j'ai compris que je n'avais plus rien à faire là.

C'est une ancienne copine qui m'a poussé à reprendre les études et à m'inscrire aux cours du soir du lycée Hélène-Boucher pour passer le brevet des collèges puis le bac. Je cherchais du travail, la flopée de fautes d'orthographe qui agrémentaient mes lettres de motivation l'avait convaincue du bien-fondé de son initiative. Ces diplômes furent une étape. Avec eux, je pouvais quitter la France, rencontrer la mère de mes trois enfants et vivre d'autres aventures.

Parmi les femmes de ma vie, certaines étaient mariées. Je savais bien qu'elles n'étaient pas avec moi pour mon physique ou pour mes chances de réussite, qu'elles ne m'auraient jamais épousé – je n'étais pas épousable et même si cela avait été le cas, il me semble que j'aurais été moins intéressant. C'était ma détermination, ma force de caractère qui les interpellait. Et puis j'étais capable d'en découdre, jamais je ne lâchais rien. Toutes m'ont permis d'évoluer, particulièrement les femmes instruites que je n'avais jamais approchées dans mon quartier. Ce que je pouvais entendre d'elles, étant donné qu'il n'y avait ni compétition ni parfois même séduction entre nous, je ne pouvais l'entendre du sexe masculin. Le rapport de force entre hommes reste difficile, surtout dans ma génération où subsistent encore quelques traces de machisme. D'eux, j'ai appris en rigueur, en engagement, en précision du geste. Avec les femmes, tout était beaucoup plus mesuré. J'ai relu Céline avec une amie qui m'apprenait à le lire autrement, ce qui m'avait semblé impénétrable jusque-là s'éclaircissait miraculeusement pour mon plus grand plaisir. C'est aussi une femme, une collègue de travail, qui m'a poussé à m'inscrire à des cours de prise de parole en public. J'ai beaucoup progressé grâce au monde féminin, elles seules pouvaient m'entraîner hors de ma zone de confort.

Je ne sais si tous les hommes vivent avec la même angoisse la dépendance amoureuse. J'ai été élevé par une grand-mère qui faisait très attention à ce que je ne sois pas attiré par l'alcool, parce qu'elle avait vu tout le quartier décimé par l'alcoolisme. Pour elle, l'amour relevait de cet ordre, celui de l'addiction. Un garçon, ça ne souffre pas, ça ne pleure pas, ça tient le coup et ça ne se laisse pas détourner de sa voie en tombant amoureux. Autant dire que je n'ai jamais appris à me plaindre ! Ma mère, une enfant de l'Assistance publique qui s'était forgé une carapace dès la plus tendre enfance, était dure, réellement hyperdure. Jamais je ne l'ai entendue se plaindre, même d'une rage de dents. Lorsque je me suis fait virer de l'école, elle m'a dit clairement : « Ou tu continues à aller à l'école ou tu trouves un travail. Je ne peux pas te garder à ne rien faire. » C'était cash, ça fixait un cadre et en même temps c'était dit sans agressivité, sur un ton particulièrement aimant. Il faut dire que tout reposait sur elle, elle gérait nos vies de A à Z avec une maîtrise incroyable et, aujourd'hui encore, elle se bat quotidiennement. J'ai beaucoup appris d'elle, de sa détermination, et j'ai été très heureux. Avec les filles, je devais faire attention. « Fais gaffe quand tu sors avec une fille, me disait-elle, tu te rends compte, s'il arrivait que… après, le gamin… » Dans les années 1970, il fallait prendre ses précautions. Certes, la pilule existait, mais elle n'était pas accessible aux ados ; quant aux préservatifs, jamais on n'y pensait ; je n'en ai eu l'usage qu'à l'armée où l'on nous en distribuait.

Peut-être est-ce dans le domaine amoureux que ma personnalité est la moins structurée. Si je devais réparer quelque chose, ce serait sans doute cet aspect de ma vie. Bien souvent, mes sentiments se mélangent. Lorsque je donne ma parole à quelqu'un, je sais que cela m'enfermera dans un processus émotionnel de longue haleine dont je n'ai parfois pas envie. L'amour passionnel, cette sorte d'opium présent au début d'une relation, est en général de courte durée. Dès que l'on commence à tout mettre dans un tronc commun, son intensité diminue au fil du temps. Au début, on prend une chambre de bonne, on y vit à deux, c'est juste génial, puis les choses évoluent ; la nature humaine est complexe, tellement inconstante. La réalité de l'autre finit toujours par s'imposer au risque d'une certaine tiédeur émotionnelle, du désir de découvrir ailleurs des sensations fortes. On entre dans la désobéissance et les ennuis qui vont avec. Comment faire lorsque, trop lié à quelqu'un, les doutes s'installent et que, en conséquence, mon tempérament étant ce qu'il est, il m'amène à couper *illico* ? Il y a pour moi une dimension assez anxiogène dans le grand amour, peut-être parce que je suis mal fichu à ce niveau-là, que j'ai caparaçonné une partie de mes sentiments.

Je ne crois pas du tout à la psychanalyse ; je ne crois pas au complexe œdipien ; pour moi, c'est Lourdes. Faire du sport, écrire et mettre des mots sur ce qui m'arrive me paraît parfois une excellente thérapie, la question étant : ai-je envie de réparer ou pas ? Si la psychanalyse devait m'aider à soigner une pathologie, peut-être en entamerais-je une, mais ce n'est pas le cas. C'est pour moi un outil comme un autre, chacun est en capacité de le prendre, ou pas.

G

Gilets jaunes

« Les Gilets jaunes, c'est la France
dont on ne s'est pas occupé. »

Non, les raisons de la colère ne se sont pas envolées comme par magie, même Emmanuel Macron l'a concédé lors d'une sortie à Bornes-les-Mimosas en juillet 2019, estimant que « ce qui a créé la colère sincère d'une partie de la population n'est pas derrière nous ».

Cette situation larvée, nous, Français d'origine modeste, nous nous attendions à ce qu'elle explose. Nous nous y attendions, parce que dans ce pays, on s'est occupé des gens qui n'allaient pas bien – et tant mieux, c'est normal –, on a mis en place le RMI, le RSA, des mécanismes sûrement formidables pour aider les personnes en situation de précarité, mais qui ne fonctionnent toujours pas, et puis on a oublié qu'il y avait des gens au milieu, des gens qui s'appellent la classe moyenne et qui payent, payent et payent encore, que depuis plus de vingt-cinq ans certains d'entre eux se trouvent en surendettement, ne peuvent plus mettre d'argent de côté pour financer les études de leurs enfants et sont entrés de ce fait dans les affres des systèmes de crédit et d'une vie anxiogène. L'antichambre de la précarité.

Ces gens-là ne savaient pas comment se regrouper. Avec Facebook, Twitter et les autres supports numériques, ils se sont aperçus qu'ils tenaient là un moteur d'expression extrêmement puissant, ils se sont mis à communiquer, à s'organiser, la situation est devenue virale, comme un rhume qui se transforme en bronchite pour finir en pneumonie, ça a explosé. Plus rien de virtuel dès lors, ils se sont donné rendez-vous dans la rue, sur le terrain – avant ils l'auraient fait au bistrot –, ils ont grillé des merguez sur les ronds-points.

« T'as quoi comme problème, toi ?

— Eh bien, moi, j'ai le même problème que toi, on est faits pour s'entendre finalement ! »

Ils n'étaient plus tout seuls dans la galère, ils étaient des millions. Ensemble, ils avaient le pouvoir.

Depuis des lustres, cette société vit dans l'anxiété sans que personne ne s'en rende compte, parce qu'on a traité l'urgence et non les maux de l'urgence. Et ce qui semble le plus étonnant, c'est qu'en décidant l'arrêt du cumul des mandats, le monde politique s'est coupé de sa base, détaché des réalités. Il s'est mis hors-sol tout seul et du coup, il n'est plus audible : c'est extrêmement dangereux.

Les Gilets jaunes, c'est la France dont on ne s'est pas occupé. La France qui allait bien, celle des Trente Glorieuses dont on s'est dit pendant plus de trente ans qu'elle existait encore, que tout irait toujours bien pour elle, une France qui ne se plaignait jamais et qui déclare maintenant qu'elle n'y arrive plus : « On est artisans, on nous grille nos boîtes et on nous les ferme ; on est licenciés, on doit se former et c'est plus long qu'avant ; on veut se soigner, c'est plus cher pour nous ; le matelas de nos grands-parents qui donnait un petit coup de pouce aux jeunes mariés, il n'y en a plus ; on ne peut plus se loger à Paris, on ne peut plus se loger en proche banlieue, on doit aller vivre à 150 kilomètres de notre lieu de travail et on nous dit que notre bagnole au diesel, c'est fini, après nous y avoir encouragés ; les études de nos enfants, on ne peut plus les payer et on ne voit pas comment se sortir de ce bourbier, parce qu'on n'a pas d'économies et qu'on est à la limite de l'endettement, du surendettement pour certains. »

La situation est du même ordre pour les retraités, ils ont travaillé toute leur vie, certains dès l'âge de quatorze ans, et ils ne s'en sortent pas : « On a bossé, on a fait le job, aujourd'hui on nous pique

20 ou 30 euros et nous, on en a besoin, car on n'a pas d'autres solutions. » Même ma mère, qui est pourtant un peu entourée, proteste. Ils ont toujours tout payé, ils ont supporté les 10 % de pénalité quand ils n'acquittaient pas leurs impôts à temps sans jamais se plaindre, ils n'ont pas fait partie de la jet-set, ils ont juste regardé le monde vivre, la petite caste de nantis qui s'amusait, qui se croyait au-dessus de tous, et alors, forcément, l'aigreur s'est installée. Il y a pire que la mort, c'est la déchéance.

Cette France qui allait bien, on l'a épuisée, laminée. On l'a surtaxée pour aider les plus démunis – les grandes fortunes savent comment défiscaliser, comment expatrier leur argent. C'est sur elle que portent le plus de prélèvements, de taxes, c'est à elle que l'on demande de réduire sa mobilité, de payer plus cher les crédits, de s'endetter pour payer son appartement, pour isoler sa maison, le tout sans aucune possibilité de soutien. Elle n'a plus mis de côté les 300 euros par mois qu'elle consacrait à ses enfants pour qu'ils suivent des cours de math de soutien, elle a coupé dans ses budgets d'alimentation, de santé – c'est à elle qu'on a demandé de prendre des mutuelles additionnelles –, elle s'est sentie à la limite de la précarité avec ses emplois menacés, sans argent de côté ni de banquier pour la soutenir. Quand on n'a plus rien, c'est vexatoire. Quand on sent que l'on ne peut plus aider les autres, que la vignette auto ou le jour férié destiné aux vieux sont des arnaques, que l'on ne peut plus donner à ses enfants, que l'on paie ses impôts mais que, malgré tout, son gosse ne peut aller dans l'école du quartier parce que c'est une école qui ne lui apportera rien, dans laquelle il est en danger, on se dit : « Mais à quoi cela sert-il que je paye des impôts ? À qui je les paye ? Pourquoi ne vais-je pas mieux ? Je suis toujours de plus en plus taxé, mais si je vis dans le XXe arrondissement, que je dois me rendre aux urgences de l'hôpital public, je vais attendre six ou sept heures quand je n'attendrai pas plus de trente minutes à l'hôpital Américain, parce que j'aurai payé une franchise de 1 500 euros par an pour appartenir à cet hôpital privé. »

Cette classe moyenne n'est pas stupide. Quand, après la crise des 80 kilomètres-heure, cerise sur le gâteau, on lui annonce d'un ton hautain qu'on va lui augmenter l'essence, la prélever à la source, lui demander de réfléchir à l'environnement à l'horizon 2050, alors qu'en mode survie, elle n'arrive déjà pas à boucler le mois, elle manifeste haut et fort qu'elle n'en peut plus, qu'elle est rincée.

Pourtant, elle ne demandait pas grand-chose. Juste que l'escalier social – pas même l'ascenseur – soit en place pour lui permettre d'entretenir de l'ambition pour elle et pour ses enfants, pour qu'un ouvrier puisse progresser dans l'entreprise, devenir contremaître ou cadre et que de cadre, il puisse aspirer à évoluer en chef d'entreprise. Tout à coup, cette classe moyenne s'est aperçue que cela faisait trente ans qu'elle n'y arrivait plus – la loi Neiertz sur le surendettement date de 1989 et heureusement qu'elle existe parce que les gens se retrouvaient sans rien, sans chéquier, dans des entreprises qui se portaient bien mais qui les viraient malgré tout. Je me souviens du premier banquier qui m'a retiré tous mes moyens de paiement parce qu'un chèque de remise et un autre de paiement s'étaient chevauchés de quelques jours et qu'il considérait que, vu le quartier d'où je venais, j'étais forcément d'origine coupable. J'ai vécu le découvert bancaire quémandé auprès du banquier qui me regardait de haut en fronçant les sourcils : « Encore une fois ? Encore ce mois-ci ? » Ou le petit échéancier demandé aux impôts qui m'envoyaient balader parce que j'étais à l'emploi et que dans ces conditions, je n'avais pas à demander ce genre d'avantage. J'ai vécu le surendettement avec des crédits à 10 % pour acheter un appartement que je n'arrivais pas à honorer. On vous supprimait immédiatement votre chéquier, votre carte de paiement, vous étiez mis à l'index de la société au vu et au su de vos enfants qui se rendaient bien compte de la situation. Heureusement, moi j'ai toujours eu un projet professionnel pour me sortir de ces situations.

Cette classe moyenne, on l'a dégradée, humiliée socialement. Personne n'a envie de cela. On désire montrer à ses enfants que l'on a réussi, que cette réussite n'est peut-être pas la meilleure mais qu'elle nous convient, que l'on ne sera jamais dépendant d'eux, que s'ils peuvent faire mieux, tant mieux, on les y aidera. Mais lorsqu'on revient vivre chez ses grands-parents parce qu'on n'arrive pas à se loger, que les loyers sont trop chers, que l'on n'a pas les cautions... Alors, évidemment, les humiliations, les rancœurs, les frustrations s'accumulent sans que l'on ait le droit de se plaindre parce qu'on appartient à la classe moyenne, elles se transforment en revendications extrêmement fortes : qu'y a-t-il à perdre ? Aujourd'hui, la sédimentation craque et l'on découvre les Gilets jaunes, des gens qui ont compris que les réseaux sociaux, c'étaient eux, aussi. Qui se retrouvent au coude à coude à prendre des bus avec des individus qu'ils ne connaissaient pas avant, qui partagent les mêmes difficultés qu'eux et que cela fait du bien.

Cette France, je l'ai vue naître lorsque je vivais dans le Médoc. Dans ce monde rural, les classes moyennes, médecins, kinésithérapeutes, pharmaciens disparaissaient peu à peu, tout comme les bistrots de quartier remplacés par le camion de pizzas en provenance de Bordeaux. Tous ceux qui arrivaient à grimper socialement, partaient sur la capitale régionale. En 1997, un journaliste de *Libé* venu visiter les grands vignobles bordelais avait titré son article d'une phrase terrible mais tellement vraie, qui avait hérissé tous les Bordelais : *Le Médoc, des richesses construites sur le quart-monde.*

Aujourd'hui, qui va encore en ruralité ? Je m'y rends pour nos écoles *Cuisine Mode d'emploi(s)* et je m'aperçois bien souvent que les régions sont désertées. Pas d'industries, pas d'entreprises... À chaque visite, je me demande dans quelle époque je suis. Le langage, l'habillement, tout est différent de ce que l'on connaît en ville, c'est effarant. Il n'y a plus d'argent, plus de moyens, plus de boulanger, plus de bistrot, toutes les boutiques sont à vendre. Dans certains villages, c'est le désert total. On a coupé le lien social, pour être heureux il faut traîner au *Carrefour* et à sa cafétéria. « Ce n'est pas ça, notre vie, disent les gens, on nous parle d'environnement, on nous gave de conneries. Le bio, c'est encore une histoire de riches. C'est l'industrie, la grande distribution qui s'en sont emparées, donc, nous, on s'en fout. On ira au moins cher et puis voilà. De toute façon, on ne vit pas bien. » Lorsque au fin fond de Sarcelles on appelle la police – personne n'a spécialement envie d'envoyer en prison ces jeunes, mais ils empêchent les locataires de rentrer chez eux – et que celle-ci ne vient pas – officiellement en raison d'un manque de moyens financiers de l'État –, la vie n'est plus supportable. Le peuple français est capable d'entendre tous les délires. Qu'un Mbappé gagne 3 millions d'euros par mois fait rêver, c'est un modèle, il ne braque pas des banques, mais que Total ne paie pas ses impôts en France, voilà qui n'est pas entendable.

Comment ces gens peuvent-ils prendre de la hauteur ? Même avec des crédits à 1 %, dont ils ne peuvent s'acquitter, ils n'y arrivent pas. Qu'à cela ne tienne : on leur impose une taxe pour faire réviser leur voiture qui ne passera pas les tests du contrôle technique, parce que c'est la vieille Visa diesel qu'ils ont gardée de leurs grands-parents et qu'ils ne pourront ni la faire réparer ni même la revendre – le contrôle technique devrait être quasi gratuit. Et par-dessus le marché, on leur claironne qu'il faut passer à l'électrique, sinon ce sont des blaireaux ! Parfois, lorsque je retourne dans ma famille, je vois bien la bagnole de vingt-cinq ans bricolée sur le parking de la cité où l'on refait le moteur entre copains. On a piqué trois, quatre pièces légales et d'autres qui ne le sont pas. Et je parle de ma propre famille. Nous en sommes là. J'étais dans cette situation il n'y a pas si longtemps ; j'ai juste bénéficié du petit truc qui a fait que je m'en suis sorti, mais, objectivement, je suis encore aux mains de l'État. Je fais partie de ceux qui ne savent pas se protéger fiscalement, qui payent tout. « Pourquoi tu ne t'installes pas en Belgique ou à Londres ? » me propose-t-on fréquemment. Parce que mon business est ici, que même si je suis conscient que mes enfants galéreront pour récupérer ce que j'ai le jour où je disparaîtrai, eux sont partis vivre aux États-Unis, le système français a quand même fait ce que je suis.

« Le Vieux Monde se meurt, le Nouveau Monde tarde à apparaître et dans ce clair-obscur surgissent les monstres », écrit Gramsci[1]. C'est exactement ce qu'il se passe. Les Gilets jaunes, c'est vous, c'est moi, ce sont nos parents, peut-être nos grands-parents pris dans cet entre-deux, des gens ni assez pauvres ni assez riches qui en ont pris plein la figure, qui se sont fait voler par le monde entier, par des vendeurs de rêve qui leur ont livré des baraques immondes – je me souviens de cette blague de Coluche qui ironisait : « Les maisons Merlin… au bout de vingt ans, les ruines sont à toi ! » ; ce n'était pas la maison qui était chère, c'était le crédit. Petit à petit, ces gens qui ont tout payé sans jamais se plaindre se sont détournés de la politique, dégoûtés. Comme un symbole brandi en étendard, ils ne sont plus allés voter ou bien ils ont voté pour les extrêmes aux premiers tours des élections ; on aurait dû s'en inquiéter. Qu'attendaient-ils ? Certainement pas que des gourous viennent leur jouer la messe à l'envers et leur apportent un quelconque soutien. Ces types-là étaient payés

1. Antonio Gramsci (1891-1937), philosophe, théoricien politique et écrivain italien.

par leurs impôts, ils s'étaient goinfrés du système sans rien offrir en retour. Non, ils attendaient du faire et pas du dire. Parce que dire fait rire et faire fait taire. Mais rien n'est venu. Depuis 1995 et la fracture sociale découverte par M. Chirac, on n'a rien fait. Alors, ce bulletin de vote qu'ils refusaient s'est transformé en Gilet jaune vivant. Sur pied. « Maintenant, on est là, qu'est-ce que vous faites ? » lancent-ils. C'est là que la société s'est aperçue qu'ils existaient vraiment.

L'État, lui, n'a rien vu venir et se retrouve hébété. Qu'est-ce qu'on fait ? se demande-t-il, alors qu'un certain nombre de signes extrêmement précis sur les classes moyennes, l'état du surendettement notamment, auraient dû l'alerter. Cela me rappelle un universitaire à l'école de management de Berkeley. Lors d'un de ses cours, il avait pris une bouilloire, l'avait remplie d'eau avant de fermer le couvercle et de boucher chaque orifice avec de la pâte à modeler, puis il l'avait branchée au courant. « Quand va-t-elle exploser ? » nous avait-il demandé. Personne ne savait calculer cela. À la fin du cours, il avait repris : « Ni vous ni moi ne le savons. Ça va exploser, c'est certain, mais on ne sait ni quand ni comment et avec quels dégâts collatéraux. Voilà ce qui se passe lorsque vous mettez une pression excessive sur une entreprise, sur des collaborateurs. » Aujourd'hui, cette métaphore est également juste pour l'État. On a mis une pression excessive sur les classes moyennes, on ne mesure pas les dégâts collatéraux que cela va engendrer.

Maintenant, l'abcès est percé et c'est salutaire pour la République. Reste à endiguer l'infection au risque que celle-ci ne se répande… La solution, c'est de donner de l'oxygène, de l'espérance. L'argent n'est pas un projet, mais il permet d'avoir suffisamment d'air pour créer, recevoir, redistribuer ; comment donner toujours plus lorsque l'on n'a plus rien ? Le XXe siècle a construit un monde complètement fou, au XXIe, changeons ! Aujourd'hui, lorsque j'investis de l'argent dans le monde de l'entreprise, c'est avec un fonds qui réinjecte 20 à 30 % de notre bénéfice dans l'économie sociale, pour créer des économies plus intelligentes et plus épanouissantes.

Avant de pouvoir comprendre que la planète est sympa et qu'il faut la protéger, les gens doivent avoir envie de réussir, disposer d'un projet. Si la planète les contraint en permanence, qu'ils n'ont pas de travail, pas d'avenir, leurs gamins non plus, qu'en ont-ils à faire du changement climatique ? Ce n'est pas un sujet.

Avec un peu d'aisance économique, on peut apprendre l'autonomie. Personne ne demande à dépendre des subventions de l'État, personne ne rêve d'une vie au RSA. J'avais bataillé avec un leader politique qui pensait qu'avec le RSA, on ne travaillerait plus. « Personne ne demande cela, monsieur, lui avais-je répondu. Lorsque j'interroge un môme à Sarcelles, il me dit qu'il veut être patron, patron de sa vie déjà, qu'il n'a aucune envie d'être dépendant de qui que ce soit, que si on lui apprend à faire deux-trois trucs et que cela lui fait gagner en épanouissement, il a zéro problème ! »

La France doit redonner de l'ambition, de l'espoir, du projet.

Lorsque j'ai rencontré un patron du CAC 40 pour lui présenter mon projet *Cuisine Mode d'emploi(s)*, il a aussitôt pensé que j'allais lui demander de l'argent. Cela m'a tellement vexé que j'ai répondu :

« Non, je viens vous demander un réseau.

— Là, je peux vous aider ! Vous savez ce que c'est que le CAC 40 ? »

Et il m'a conduit à Monaco, présenté à ces gens-là, en m'assurant que deux ou trois d'entre eux seraient certainement en mesure de m'aider. Quinze jours plus tard, je trouvais les patrons qui m'ont aidé à monter la première école.

Il faut oser. En ce moment, nous étudions avec des entreprises partenaires la possibilité de créer un centre de formation d'apprentis (CFA) multicompétences en région, là où les villages sont peut-être désertés mais où les terres sont restées vierges, exemptes de pesticides, seules persistent de petites cultures et quelques vaches laitières. Si l'on réalise ce projet intelligemment, la région pourra devenir très attractive.

H

Histoire (Mon)

« Chez moi, on ne parlait pas,
on ne racontait pas, on ne se plaignait pas. »

Mon histoire est simple. Elle débute en 1959 au 18 de la rue du groupe-Manouchian[1], une modeste impasse du XXe arrondissement de Paris que mon père était très fier d'habiter compte tenu des actions qui y avaient été menées par ces héros de la Résistance. Pour la petite histoire, je connais l'homme qui a vu Manouchian pour la dernière fois. Quand les Allemands l'ont arrêté et incarcéré à la prison de la Santé pour faits de Résistance – il avait fondé son propre réseau de jeunes communistes résistants –, cet homme n'avait que dix-sept ans et il était terrorisé. Au codétenu qui le questionnait

1. Rend honneur à l'Affiche rouge, le nom du groupe de 22 résistants dirigé par Missak Manouchian et tous fusillés par les Allemands au fort du mont Valérien le 21 février 1944.

sur le pourquoi de sa panique, il avait répondu qu'il était attendu pour une compétition à la piscine Molitor et qu'il ne pourrait probablement pas y aller. « Et moi, je serai fusillé demain », lui avait opposé l'homme qui n'était autre que Manouchian ! Le jeune homme, c'était Julien Lauprêtre, l'ancien président du Secours populaire récemment disparu. Nous avons souvent travaillé ensemble.

À Ménilmontant, nous vivions ma mère et moi dans 15 mètres carrés. La pièce était divisée en deux – une partie pour elle, une partie pour moi – et ce, jusqu'à ce que mon père rentre d'Algérie en 1962, après les accords d'Évian. Là, mes parents m'ont loué une petite chambre dans le bâtiment d'en face, je devais donc traverser la cour pour aller me coucher et cela me terrifiait.

Dès son retour, mon père s'est replongé dans la vie civile, mais c'était compliqué. Ouvrier chauffagiste dans le bâtiment, il ne gagnait pas suffisamment sa vie et il dormait très peu. Ma mère trimait dur aussi, elle était laborantine, je me souviens d'elle rentrant du travail et préparant mes affaires pour le lendemain. Le dimanche, elle me laissait cinq francs pour que je puisse acheter une baguette de gruau – la baguette viennoise d'aujourd'hui. Elle avait perdu ses deux parents morts sur les routes pendant l'exode de 1940 et avait été placée à l'Assistance publique, à Alençon. C'est une personne carrée, qui regarde les choses en face. Sortant de l'hôpital après un cancer du poumon, elle m'a dit : « Ça y est, je n'ai plus rien. Pas la peine d'en faire une histoire… J'ai quatre-vingt-quatre ans, puisque j'arrive toujours à me promener avec les chiens, c'est que tout va bien ! » C'est sûrement elle qui m'a transmis ce côté dur avec les faits, bienveillant avec les gens.

Après avoir traversé une période difficile, mes parents ont peu à peu repris pied. Ils ont déposé une demande de logement à la ville de Paris et ont obtenu un bel appartement dans le Val-de-Marne – quand je dis « bel appartement », je parle de surface, parce que, pour le reste, la cité était emblématique des grands ensembles édifiés en France dans les années 1960 : des barres de béton de 3 000 logements !

Entre-temps, j'avais grandi et en attendant qu'ils s'installent et se stabilisent, je suis resté vivre chez mes grands-parents au 140 de la rue de Ménilmontant, une poche de résistance assez mal fréquentée – c'est toujours le cas d'ailleurs. Aimante et attentive, ma grand-mère n'en était pas moins assez dure, rigide, hyperorganisée. Sa vie avait été douloureuse. Issue d'une famille paysanne française traditionnellement catholique, elle avait perdu son premier mari en 1916 sur la Somme[2] et son fils

2. L'une des batailles les plus meurtrières de l'histoire ayant opposé les Français et les Britanniques aux Allemands en 1916.

était mort juste après l'armistice de 1918. La vie l'avait tellement bousculée qu'elle ne croyait plus.

Mon grand-père était une figure locale. Son père avait émigré de Pologne ; en France, il halait des péniches avec des chevaux le long des canaux et était décédé peu de temps après son arrivée. Mon aïeul s'était donc retrouvé seul et avait eu la chance de rentrer chez les Compagnons du tour de France, où il avait appris le métier de maréchal-ferrant. Il avait fait la guerre de 1914 dans un régiment d'artilleurs et était devenu français pour l'occasion. Militant communiste, soupçonné de surcroît d'être juif – il ne disposait d'aucun certificat de baptême pour prouver le contraire –, il avait été arrêté puis recruté au STO (Service du travail obligatoire). Il s'en était échappé pour entrer dans la Résistance, mais son frère avait été déporté à Auschwitz en tant que communiste – et un communiste sans certificat de baptême, c'est un juif communiste. Étaient-ils juifs ? De leur éventuelle judéité, nous n'avons jamais parlé. Jamais nous n'évoquions leur origine, jamais non plus nous ne parlions de religion : la diaspora polonaise essayait de se fondre dans la masse, ces sujets demeuraient inopportuns. Et puis, quoi qu'il en soit, chez moi on ne parlait pas, on ne racontait pas, on ne se plaignait pas. C'était ainsi. Du coup, personne ne savait où me situer sur l'échiquier religieux. Si je m'adressais aux curés, on convenait que je n'avais pas fait ma communion et que je n'étais donc pas catholique ; si je sollicitais les rabbins, on me rétorquait que l'on est juif par la mère, que puisque ce n'était pas le cas, à l'évidence je n'étais pas juif !

C'étaient des gens assez durs, qui se méfiaient de l'autre. Comme ils pensaient que les Allemands allaient revenir – le traumatisme était encore très prégnant –, ils utilisaient un code pour rentrer chez eux.

Élevé jusqu'en sixième par ces deux figures tutélaires, je n'ai cessé de les entendre m'expliquer combien il était important de s'instruire pour ne pas se faire exploiter par les riches. Mon aïeul avait souffert du manque d'instruction. Il avait passé avec fierté son certificat d'études et était monté dans la hiérarchie sociale en s'associant pour créer une petite entreprise. « Tu sais, il faut que tu ailles à l'école, parce que les riches ont le savoir et donc le pouvoir. Si tu sais lire, écrire et compter, ils ne te voleront pas », me répétait ma grand-mère. Du coup, je suis allé à l'école primaire pour rançonner l'Éducation nationale, pour y acquérir une compétence qui me permettrait de survivre.

C'est à mon entrée en sixième que les choses ont changé. Il n'était plus vraiment possible que je continue à dormir sur le canapé convertible installé dans la salle à manger de mes grands-parents, je devais m'inscrire dans un collège du Val-de-Marne et retourner vivre avec mes parents. C'est ainsi que j'ai débarqué dans un établissement de la cité des Boullereaux à Champigny-sur-Marne, sans attaches et sans rien y comprendre. Bien sûr, grâce à mon appartenance à une petite bande de la porte des Lilas, j'avais acquis une certaine réputation, celle du mec qui peut en découdre si nécessaire, mais il fallait cependant que je me refasse des copains. D'autre part, rien de ce qui m'attendait ne me paraissait sérieux. Ni le collège – un pauvre bâtiment en préfabriqué –, ni l'emploi du temps avec des changements de salle à chaque matière, ni les profs, qui étaient tout sauf des modèles. Alors, je me suis mis à sécher. « Que voulez-vous faire plus tard ? » me demanda-t-on un jour, lors d'une de mes multiples convocations chez la proviseure. Et moi de répondre : l'école hôtelière, sans que je sache vraiment pourquoi, peut-être parce que j'avais flashé sur les tenues qui me semblaient très chics de serveurs vus à la télé. Il est certain qu'avec mon perfecto et autres accessoires de l'époque, j'avais un look de petite frappe de quartier. Néanmoins, la réponse fut violente : « L'école hôtelière, ce n'est pas pour des gens comme vous », m'avait-on asséné. Résultat, je me suis mis à traîner de plus belle. « Vous allez être orienté en classe de transition[3] »,

3. De 1963 à 1975, on y envoyait les élèves « qui, pour des raisons diverses, souffraient d'un retard scolaire sans pour autant relever des classes de perfectionnement », pour reprendre les termes des instructions officielles du 15 juillet 1963.

m'avait-on alors signifié. C'étaient des classes où l'on ne faisait rien, où l'on nous proposait d'apprendre la mécanique générale sans que nous sachions ce que cela signifiait. Je ne voulais pas y rester. Transféré dans un CET, un collège d'enseignement technique, j'ai de nouveau refusé l'enseignement et commencé à me cabrer, enchaînant les petites délinquances. J'attendais le courrier dans la cage d'escalier pour que mes parents ne reçoivent pas mes avis d'absence. Avec les copains nous traînions au *Continent* du coin, nous nous faisions courser par les vigiles, nous volions des mobylettes pour aller nous balader sur les bords de Marne, dans ce qui nous semblait être la campagne, parce que, dès que l'on sortait de Champigny – l'autoroute de Metz n'était pas encore construite –, c'était un véritable no man's land.

Pas de doute aussi, je me débrouillais assez bien dans tout ce qui concernait la bagarre. Grâce à l'intervention de ma mère, j'ai fait la rencontre d'un garçon qui m'a proposé de venir m'entraîner au club de judo. J'ai accepté et cela m'a plu. Par la même occasion, j'ai pris goût à la boxe ; il faut préciser que de valeureux éducateurs nous sollicitaient dans la cité pour nous accompagner au club. Je me souviens en particulier de François Rodriguez, le père du champion de France et d'Europe Lucien Rodriguez, qui n'hésitait pas à se déplacer pour nous emmener à sa salle de boxe porte de Clignancourt.

Le club de judo de Champigny également nous ramassait en bas de chez nous pour nous conduire à de petites compétitions locales. Tous faisaient preuve d'une motivation et d'une détermination à toute épreuve.

J'ai idéalisé le monde du judo, j'ai fantasmé sur le Japon, les samouraïs et, insensiblement, je me suis laissé enfermer dans ce monde. Petit à petit, j'ai grimpé les échelons, j'ai eu moins peur d'affronter la vie, j'ai pris confiance en moi. Lorsque l'on pratique ce genre de discipline, la boxe en fait partie, plus personne ne vient vous chercher des noises et ça, c'est plutôt sympa. Évidemment, j'aurais dû être orienté vers une classe de sport-études mais mon niveau scolaire ne le permettait certainement pas et puis aucun membre de ma famille ne connaissait ce cursus ; je ne sais d'ailleurs comment mes parents auraient pu se renseigner, tellement ils étaient harassés de travail. Ce qui est certain, c'est que je sentais viscéralement qu'il me fallait quitter la cité.

J'ai pris la décision. Je suis retourné vivre chez mes grands-parents, et ce sont eux qui m'ont ouvert la voie en me rappelant que, lorsque j'étais petit, j'aimais aider en cuisine et passer du temps chez leur voisin boulanger, Ganachaud. « Ton grand-père s'est formé chez les Compagnons du devoir, demande-lui comment ça se passe », me suggère un jour ma grand-mère. C'était parti. Je n'ai pas tourné la tête, je me suis dit : « Tu prends ton sac et tu y vas. » Je suis entré en apprentissage pour étudier la pâtisserie, j'ai appris mon métier au cours du traditionnel Tour de France des Compagnons, un périple qui m'a mené à Montauban, à Toulouse, à Nîmes, et j'ai découvert une France qui m'était alors totalement inconnue.

J'ai été très heureux durant toute cette période. D'abord, parce que, en tant que Compagnon, on appartient à une famille, une tribu, une communauté d'individus soudés porteuse de valeurs fortes, héritées de son histoire : le partage, la rencontre, la solidarité, l'ouverture sur le monde, l'amour du travail bien fait. Elle ne jure que par l'excellence, ne rêve que de réaliser LE chef-d'œuvre, l'ouvrage qui dépassera celui des anciens. Là réside sa force. Chez les Compagnons, on développe sa culture générale, on se forme par un apprentissage en situation, selon la formule : *Si tu sais ce que tu veux, montre ce que tu vaux et tu t'amélioreras*, en présence d'excellents modèles, des pairs qui transmettent leurs connaissances et leurs savoir-faire par la démonstration. Et puis on porte tous le même costume, on partage les chambres, on est responsables les uns des autres, on s'habitue à prendre la parole quand il le faut et non quand on en a envie, et lorsqu'il y a critiques, c'est toujours bienveillant. Ces trois années m'ont fait un bien fou.

À mon retour, mes grands-parents étaient décédés, je n'avais plus d'amis, j'étais en décalage total avec le monde que j'avais quitté : un grand coup de blues m'a envahi. Qu'allais-je faire ? À dix-huit ans, le service militaire m'appelait. Toute ma famille avait suivi un parcours militaire. Un de mes oncles qui s'était énormément occupé de moi avait servi en Indochine sur la RC 4[4]. Il me racontait ses voyages, le Tonkin[5] et son fleuve Rouge, l'Algérie, Suez. Jamais il n'évoquait la guerre. De son côté, mon grand-père avait fait 1914, il était totalement opposé à l'armée pour avoir vécu tous les débordements du conflit sans jamais ne nous les révéler. Quant à mon père, c'était en Algérie et au Sahara qu'il avait été envoyé, lui non plus ne s'épanchait pas. Personne ne parlait, et moi je rêvais. Alors, puisque c'était mon tour, il me fallait tenter de m'engager dans l'armée. C'était le seul moyen dont je disposais pour dynamiter les lois de la reproduction sociale et échapper à la cité.

Le retour à la vie civile fut compliqué, mais je me suis inscrit aux cours du soir du lycée Hélène-Boucher pour passer ce brevet des collèges que j'aurais dû présenter à quinze ans. Ces profs que

4. Route coloniale 4 : ancienne route stratégique d'Indochine surnommée « la route sanglante » en raison du harcèlement incessant qu'elle subissait, et qui courait sur 200 kilomètres le long de la frontière.

5. Nord de l'actuel Vietnam.

j'avais jusqu'alors détestés, bizarrement, je les trouvais sympas. Ils m'aidaient, ils me soutenaient. Avec les autres étudiants du soir, nous formions un petit groupe issu de la diversité, certains voulaient travailler dans la banque, d'autres devenir flics, conducteurs de bus, comédiens. Tous, nous avions besoin du minimum vital pour passer des concours : le bac. Les profs nous ont alors proposé de le passer en candidat libre, je l'ai obtenu à vingt-cinq ans.

Que faire muni de ce précieux sésame ? Je considérais que la France n'avait jamais rien fait pour moi – pour des gens comme moi tout du moins –, qu'il fallait que je la quitte. Mais ma nouvelle compagne était une enfant de la DASS au parcours de vie difficile, je ne pouvais l'entraîner dans des aventures trop risquées : « Tu m'attends ici, moi je vais voir si je trouve quelque chose à l'étranger et dès que je suis installé, je t'appelle pour que tu me rejoignes », lui ai-je promis. Je me suis donc mis à éplucher les annonces outre-mer de *France-Soir*, jusqu'à cette offre alléchante : *Cherche boulanger-pâtissier en Australie*. L'Australie, c'était loin, c'était forcément bien. J'étais pâtissier, passé chez les Compagnons, j'estimais pouvoir faire illusion pour cette mission. En en rajoutant un peu sur ma posture, en bidonnant mon CV pour me faire passer pour un cador, j'ai décroché un poste au *Regency Hotel* de Sydney, où je confectionnais pains et croissants. Sauf que je ne gagnais pas assez bien ma vie pour louer un appartement et accueillir qui que ce soit. Il m'aurait fallu deux salaires. C'est alors que, convaincu qu'en tant que Français je connaissais de toute évidence la cuisine, le chef autrichien m'a proposé de travailler au service des banquets : 800 couverts, 1 000 parfois, on travaillait à la chaîne, on ouvrait les huîtres en les plongeant dans l'eau chaude, et je passais pour une star quand je ne savais rien faire ! J'avais une équipe de commis de divers horizons, des Philippins qui me préparaient des *nasi goreng* à toutes les sauces, beaucoup d'expatriés, des apatrides qui refusaient de dire d'où ils venaient… On me faisait confiance, les clients appréciaient tout ce que je leur cuisinais, cela me plaisait. Le tilt s'est produit lorsqu'un de mes collègues m'a interpellé : « T'es bizarre, toi, le Français, pourquoi t'es là, alors que les meilleurs sont chez toi ? » Il avait raison. J'ai appelé ma compagne, je lui ai dit : « Je rentre et je vais renforcer ma formation en cuisine. »

À Paris, je me suis inscrit au lycée professionnel Belliard de la porte de Saint-Ouen pour passer un CAP de cuisine en accéléré. Le diplôme en poche, il me restait à trouver le chef réputé qui pourrait m'embaucher comme commis. « Ce n'est pas le CAP qui compte, mais les pointures avec lesquelles tu auras travaillé », m'avait-on expliqué. Seulement, sans piston, sans réseau, les chefs de la capitale ne m'étaient pas accessibles. En conséquence, j'ai visé la province. Je me suis présenté chez Troisgros, sans résultat, puis chez Bernard Loiseau. Il n'avait besoin de personne. Mon CV était relativement vide et ce n'était pas mon expérience de boulanger-pâtissier au *Regency Hotel* de Sydney qui allait l'impressionner – il devait d'ailleurs savoir que l'établissement n'était pas la panacée. « Vous avez fait tous ces kilomètres pour venir me voir ? m'a demandé Bernard Loiseau. Je vous garde à déjeuner. Et ça tombe bien, j'ai Georges Pralus[6] qui est là, vous allez manger avec nous. » C'était une aubaine incroyable. Durant le repas, il m'a raconté son apprentissage chez Troisgros, le rachat de son auberge à Alexandre Dumaine[7], sa certitude d'acquérir les trois étoiles Michelin qu'il n'avait pas encore à l'époque. J'étais fasciné. C'était exactement ce que je voulais faire. Il est devenu mon modèle.

De retour à la capitale, j'ai repris mes recherches auprès d'établissements étoilés. J'ai d'abord essuyé un refus à *La Marée* puis je me suis rendu chez *Taillevent* où l'extraordinaire chef Claude Deligne m'a accueilli :

6. Inventeur en 1974 de la cuisine sous vide qui a révolutionné le métier.

7. Chef cuisinier du restaurant gastronomique l'*Hôtel de la Côte-d'Or* à Saulieu, devenu *Le Relais Bernard Loiseau.* Trois étoiles au guide Michelin de 1935 à 1964.

« Mais vous arrivez d'où ?

— De chez Bernard Loiseau », lui ai-je répondu du tac au tac.

Il n'a pas vraiment vérifié et, dès le lendemain, j'étais en cuisine ! Une chance unique d'entrer ainsi dans une équipe de Formule 1 pour y réaliser une cuisine de très haut niveau. Malheureusement, je ne comprenais rien aux recettes. À l'époque, les chefs ne les donnaient pas en entier pour éviter d'être copiés, et puis il n'y avait pas encore Google. Alors, discrètement, je croquais les plats sur des petits bouts de papier que je recopiais le soir dans ma chambre. J'ai dû remplir une bonne cinquantaine de petits carnets de recettes en travaillant de ce fait jour et nuit. Mais j'étais un peu trop âgé pour un poste de commis, le chef a mis fin à notre collaboration assez rapidement.

Sans travail, je n'avais plus rien à manger dès le 10 du mois. Ma compagne m'a alors énormément aidé. Elle qui vivait avec très peu d'argent en avait mis de côté – placée enfant, c'était important pour sa stabilité – et elle n'a pas hésité à m'en prêter. « Ne t'inquiète pas, on va s'en sortir, je te rembourserai, je te le promets », lui avais-je affirmé – ce que je fis.

J'ai repris l'école hôtelière en cours du soir, et je me suis acharné. C'est le chef Claude Deligne qui m'a recommandé à d'autres grands chefs.

À Alain Chapel[8], à Jacques Maximin[9], à Joël Robuchon[10] qui m'a pris comme stagiaire puis comme commis au *Jamin*, son premier restaurant parisien. J'étais à la ramasse, je ne pouvais espérer plus : j'entrais dans le circuit, c'était déjà beaucoup. C'est grâce à lui que s'est alors présentée à moi l'opportunité d'un voyage au Japon suivi d'un périple en Asie. Je suis surtout parti pour gagner ma vie mais aussi pour apprendre le métier et connaître d'autres cultures. Et cela m'a plu. Évidemment, à mon retour, l'histoire s'est corsée. Personne ne m'avait attendu, tout avait continué à avancer sans moi, comme si la nature avait horreur du vide. C'est étonnant cette impression de ne plus avoir sa place lorsque l'on revient d'un long voyage, je ne sais si nous sommes nombreux à la vivre. On m'avait oublié, j'allais devoir m'imposer comme chef et me lancer dans l'aventure pour devenir un chef étoilé.

À vingt-sept ans, j'ai pris un premier poste au *Roc en Val*, un restaurant tourangeau à Montlouis-sur-Loire où j'ai obtenu une étoile très rapidement. Mais l'affaire n'a pas duré. J'ai quitté la Touraine

8. Chef cuisinier du village de Mionnay dans l'Ain, en plein cœur de la Dombes. Trois étoiles au guide Michelin. Son travail s'affiliait à la nouvelle cuisine.

9. Chef incontournable des années 1980, c'est l'inventeur de la cuisine cerclée et le pionnier de la cuisine des légumes et des desserts à l'assiette.

10. Pionnier de la nouvelle cuisine, fondateur d'un empire international de restaurants gastronomiques, il détient le palmarès le plus conséquent de l'histoire de l'art culinaire avec ses 32 étoiles au guide Michelin.

pour le Gard, à Nîmes j'ai ouvert *Le Cheval blanc*, un hôtel-restaurant voulu par le maire et imaginé par Régine, la reine de la nuit parisienne. Ma première étoile est tombée au bout de six mois. C'était une réussite du point de vue de la cuisine, mais, en raison d'un imbroglio juridico-politique avec les propriétaires privés, l'hôtel a fini par fermer. « Encore un échec, tu n'y arrives pas en France, autant laisser tomber », avais-je pensé. Avec ma compagne et mes deux enfants, nous avons décidé de partir en Asie, à Singapour précisément où j'ai ouvert le restaurant *L'Aigle d'or* au *Duxton Hotel.* Mais l'expérience s'est révélée peu intéressante. Le Singapour de l'époque n'était pas celui d'aujourd'hui, ma compagne ne s'y plaisait pas, elle est donc rentrée seule en France pour y scolariser les enfants en attendant que je dépiste une meilleure occasion. J'ai enchaîné la Thaïlande, le Vietnam, le Cambodge et le Laos. C'était une vraie aventure, peu de touristes occidentaux se risquaient alors dans ces pays d'Asie du Sud-Est. Là, j'ai cherché, cherché, cherché, gagnant un peu d'argent de-ci de-là, en cuisine et ailleurs, puis je suis retourné quelque temps au Japon avant de rentrer définitivement en France.

L'opportunité s'est présentée à Pauillac dans le Médoc, au lieu-dit Cordeillan-Bages. Au premier abord, j'ai détesté la région. Je la trouvais moche. Il faut dire que je l'ai découverte en février, les vignes taillées n'arboraient aucun feuillage, la Garonne ressemblait au Mékong... J'ai d'emblée dit non. C'est en découvrant la maison que l'on me proposait en tant que chef que ma position a radicalement changé. Je ne comprenais pas véritablement pourquoi, mais elle distillait ce petit quelque chose qui vous dit : c'est là. Ces murs, cette terre, une douceur de vivre que je pressentais... Et puis j'imaginais que la scolarité des enfants allait être facile, qu'avec une maison juste à côté du restaurant, je pourrais être près d'eux. J'ai dit oui et tout s'est alors enchaîné très rapidement. Première étoile en 1999, une deuxième en 2000, Espoir trois étoiles pendant deux ans, nomination comme chef de l'année : durant douze ans, j'ai fait vivre ce lieu en recréant avec mes actionnaires un véritable village. Au départ, personne n'y croyait. J'étais lié à cette énorme machine qu'est la compagnie Axa – Axa et Axa Millésimes, détentrice de propriétés viticoles –, je bénéficiais d'une notoriété croissante, personne pourtant n'acceptait aisément que je dépense tant d'argent ! Il me fallait me battre en permanence, désobéir pour imposer mes points de vue porteurs, somme toute, de résultats visibles. Ce fut éprouvant, très formateur aussi, car j'ai pu profiter des méthodes managériales d'Axa. « Vous êtes un bon artisan, mais un très mauvais manager », m'avait déclaré mon patron de l'époque. La compagnie a fait de moi un bon manager, anticipant peut-être ma future charge de chef d'entreprise.

C'est José Gutman qui s'était occupé de moi. Un monsieur extraordinaire, un grand de l'université de Berkeley qui murmurait à l'oreille des décideurs. Lui m'a poussé à suivre les formations en entreprise, à prendre la parole en public, à perfectionner mon anglais. Lui m'a envoyé suivre des cours à Oxford où je ramais – je devais tout recopier le soir, j'ai encore mon classeur de l'époque. C'est encore lui qui m'a adressé à Berkeley où j'ai décroché deux des plus importants diplômes de ma vie. Jusqu'à ce qu'il parte à la retraite, il m'a énormément apporté. Grâce à lui, je me suis senti pousser des ailes.

J'ai créé ma première société de consultant F&B[11] et j'ai commencé à entrevoir l'élaboration de concepts de restauration dans le monde. Vous voulez monter un restaurant chinois ou japonais ? Venez me voir. Hormis la dimension financière, ma société vous accompagnera dans tout ce qui concerne son montage : le concept de restauration, le chef, la carte, les types de produits, etc.

J'ai lancé l'idée à Hong Kong, je l'ai développée à Bangkok puis fortement au Japon. J'ai gagné un peu d'argent qui m'a permis de joindre l'utile à l'agréable : conserver des moments pour partir en trek. J'en avais profondément besoin, le terrain,

11. Voir note p. 42.

c'était pour moi – et c'est toujours – le seul moyen de faire le plein d'adrénaline.

J'ai traversé la jungle birmane, la jungle thaïlandaise à l'époque où il n'y avait pas de touristes, la mer d'Andaman aussi. Je suis parti comme ça, à l'aventure. C'est un fonctionnement assez dangereux d'ailleurs : travailler comme un dingue puis, tout à coup, attraper le sac à dos et partir dans des conditions inimaginables, direction la jungle !

À mon retour, le groupe Mandarin m'a proposé d'ouvrir son restaurant à Paris, mais je voulais retourner vivre au Japon.

« Non merci, je veux bien ouvrir le *Mandarin Tokyo*, mais pas le *Mandarin Paris*, leur ai-je répondu.

— Oui, mais Thierry, tu es français, ta notoriété est en France, on te confie le *Mandarin Paris*.

— Alors, d'accord, mais à la condition que je puisse continuer à développer mon business », leur ai-je répliqué.

C'était parti. Je suis devenu directeur des cuisines du palace *Mandarin Oriental Hotel* de Paris en conservant ma petite entreprise. Aujourd'hui, celle-ci gère environ 300 personnes à travers le monde dont à Miami, Tokyo, New York et en France, à la tour Eiffel.

Comment j'arrive à gérer tout cela, me direzvous ? Je ne sais pas. J'ai une drôle de vie. Je dors bien mais peu et je pratique beaucoup de sport en matinée. Je me lève à 5 h 45, je pars à moto à 6 heures, de 6 h 30 à 8 h 30 je suis à l'entraînement puis je me rends au *Mandarin* où j'ai installé mes bureaux pour être totalement opérationnel. Le soir, lorsque le service démarre bien, je monte au bureau. Le téléphone ne sonne plus, j'en profite pour travailler, pour lire. Puis je rentre chez moi, exténué. J'aime cette sensation d'extrême fatigue. Il me reste à prendre ma douche et à me coucher. Pour les gens qui gravitent autour de moi, c'est assez compliqué. Je ne sors pas, je ne bois pas, je suis un mec chiant, vraiment, le plus chiant du monde ! Ni drogue ni alcool, jamais. J'ai tellement connu ces excès dans les quartiers que je m'en suis toujours méfié. Et puis j'ai été éduqué par une grand-mère radicalement opposée à cela, elle qui avait vu ses frères sombrer dans l'alcoolisme après guerre. Moi, je suis de la génération qui a tout vu : l'alcoolisme des quartiers pauvres, la toxicomanie, l'arrivée du sida qu'on attribuait alors aux seuls homosexuels. Récemment, j'ai appris que presque toute ma bande de la rue du Borrégo avait été décimée. Gamins, nous traînions ensemble dans un terrain vague du XXe et, à part nous, personne ne pouvait y entrer. C'est un des membres qui m'a mis au courant. Il a débarqué au *Mandarin* comme ça, je ne l'avais jamais revu depuis notre adolescence. À la mort de l'un des nôtres, il avait tout fait pour me retrouver. « Je me doutais que c'était toi, Thierry Marx, que tu étais le Thierry Marx qu'on avait connu. Mais on avait du mal, on ne pouvait pas imaginer… », m'a-t-il expliqué. Nous nous sommes livrés à l'appel aux morts. Ils l'étaient tous. Tous morts trop tôt, dans des errances pénibles, sa sœur du sida, d'autres de toxicomanie ou de violences diverses. Nous étions les deux seuls survivants. C'était terrifiant.

I

Indignation

« Le capitalisme et le libéralisme forcené font partie de mes plus fortes indignations. »

Ma première indignation porte sur l'injustice sociale qui ronge notre société. L'ordre moral qui prétend distinguer les bons des méchants en les étiquetant selon leurs origines ou leurs cultures, détruit le tissu social, nourrit la haine et engendre l'intolérance. C'est cet arbitraire, intériorisé par tous, qui assigne les individus à une place, à un rôle dont ils ne peuvent s'extraire puisqu'en reconnaissant la légitimité de la classification, ils ne la combattent plus.

De lui naît ma seconde indignation, celle qui tient à la résignation des plus précaires, comme je le constate dans les quartiers où j'ai grandi. Certains ont fini par se dire ce qui m'horrifiait lorsque j'étais enfant : « Ce n'est pas pour des gens comme nous. »

Résultat, de véritables cocottes-minute générationnelles ont vu le jour, qui explosent sur trois ou quatre générations.

Il n'est pas normal qu'une société démocratique et républicaine ne mette pas en place suffisamment d'initiatives pour que des personnes à l'âme honnête puissent gravir l'escalier social ; et je ne parle pas d'ascenseur social qui n'est qu'un leurre, un fantasme technologique. Même la notion d'effort liée à l'escalier, on les en prive en leur distribuant le RSA et en les fixant à leur quartier. Elles en arrivent à croire qu'elles ont ce qu'elles méritent, elles pensent même que cela est légitime. Or, ce n'est pas le cas.

Le capitalisme et le libéralisme forcené me révoltent, je pourrais même dire qu'ils font partie de mes plus fortes indignations. Peut-être sont-ils efficaces, cependant, ils ne sont pas justes. Partout dans le monde, ils obligent les individus à tenir le rang de leurs origines sociales ou religieuses sans jamais pouvoir en sortir. Sur l'ensemble de la planète, je les ai rencontrées ces castes qui se croient supérieures, qui privent les individus de leur capacité à devenir des hommes libres, épanouis dans leurs choix. L'injustice sociale s'orchestre mécaniquement, le système fonctionne sur ce registre et plus personne ne se pose de questions, chacun imaginant avoir affaire à la norme. Or, il n'y a pas d'atavisme de la misère – je pense à « Strophes pour se souvenir », le poème d'Aragon contre la propagande de l'Affiche rouge et qui rend hommage au groupe Manouchian, des gens qui, malgré leurs origines, malgré leur culture, malgré le fait qu'ils étaient des étrangers, se sont battus pour la France, sont morts pour elle mais sont restés des parias. Il n'y a pas d'atavisme, mais c'est un combat dur, qui peut s'étendre sur plusieurs générations, s'éteindre très rapidement, qui laisse aussi de profondes séquelles. On peut en sortir meurtri, incapable de trouver sa place dans la société bien qu'on lui ait fourni tous les gages de la réussite, sans repères ni dans son milieu d'origine ni dans celui du moment. À sa place nulle part, avec le risque de produire un rejet, une forme d'arrogance qui occulte le mal-être.

Il y avait autrefois deux blocs en opposition : le bloc capitaliste du riche, du bourgeois, et celui du prolétariat. Il fallait choisir un camp. Aujourd'hui, la fin du XXe siècle nous a livré le « précariat » et ses travailleurs aux contrats précaires – CDD, CNE, stages, intérim, travail clandestin – que le capitalisme forcené a contribué à créer et que le prolétariat, en ne défendant pas les siens, n'a su empêcher. C'est une situation indécente qui indigne jusqu'à la caste des plus nantis. C'est aussi une bombe à retardement à diffusion lente, insidieuse, qui laisse place à tous les gourous…

Réaffirmer les principes de justice sociale et instruire suffisamment pour que tous, nous puissions devenir des hommes libres, indépendants, en charge de notre destin, me semble être la seule alternative capable de réduire les inégalités. Il ne s'agit pas là d'une utopie mais bien d'un enjeu collectif porteur d'espoirs.

J

Japon

« Je l'ai toujours aimé, je l'aime toujours, viscéralement. »

Le Japon, ce fut d'abord pour moi une idée fantasmée.

Dans les années 1970, la mode était aux arts martiaux. Un seul genre cinématographique rivalisait avec le western spaghetti : le film d'action asiatique, désigné sous le label générique de « film de karaté », alors que s'y déployaient le plus souvent des scènes de kung-fu, du cinéma d'action né à Hong Kong dans les années 1920 et qui explosa en 1970, parallèlement au succès de Bruce Lee.

Tout le monde voulait devenir un grand karatéka, moi y compris ; le judo[1], développé à partir

1. Lorsque l'empereur Meiji abolit le port du sabre en 1876, beaucoup de samouraïs se reconvertissent en maîtres d'arts martiaux. Le premier de ces arts, le *judô,* naît officiellement en 1882.

de techniques de combat japonaises, restait de préférence destiné à nos aînés. Mais les cours privés coûtaient cher, ni ma mère ni moi n'en avions les moyens. J'ai donc souscrit à la seule offre municipale en matière d'arts martiaux : le judo.

Certains de nos profs comme Awazu Sensei[2] se rendaient régulièrement au Japon par la terre et la mer et nous racontaient leurs expéditions. Ils empruntaient le train jusqu'à Moscou, traversaient la Russie en Transsibérien et terminaient le périple en ferry jusqu'aux côtes japonaises. Un voyage d'une dizaine de jours avant de s'installer deux ou trois mois au Japon pour y suivre les cours de l'université de Tenri[3] ou du kodokan[4] à Tokyo. J'avais treize ans, j'étais fasciné. L'esprit aventureux qui grandissait en moi se révélait. Je me mis à m'intéresser à tout ce qui était japonais, à cette culture samouraï si proche de notre chevalerie médiévale.

C'est dans un cinéma d'art et essai du côté de la Sorbonne que j'ai découvert *La Trilogie Samouraï*[5] et la vie de Miyamoto Musashi, le célèbre samouraï du XVIIe siècle. Moi qui croyais voir un film de kung-fu – les idéogrammes me paraissaient chinois

2. Voir note 7, p. 17.
3. Voir note 1, p. 14.
4. Voir note 2, p. 14.
5. Film de Hiroshi Inagaki, réalisé entre 1940 et 1942 et adapté de *La Pierre et le Sabre* d'Eiji Yoshikawa, roman-fleuve du début du XXe siècle présentant la biographie romancée du plus célèbre samouraï de l'histoire, Miyamoto Musashi.

alors qu'il s'agissait d'une écriture japonaise –, je n'ai pas été déçu. La salle était vide, le film non sous-titré durait trois heures et je ne comprenais rien ! A priori, le contexte semblait assez glauque, mais l'esthétique était telle que je suis tombé amoureux du film. À tel point que le samouraï, ce guerrier solitaire empreint de valeurs fortes, est devenu mon modèle, ma référence d'être humain. Certains se construisent dans l'héroïsme, moi, ce fut en lisant tout ce que je dénichais sur ces soldats emblématiques du Japon. Cela me rendait plus fort. Je connaissais un tas de choses sur eux et j'en inventais autant. J'étais séduit par le mythe du samouraï *indifférent à la vie, intime avec la mort* et qui ne rêvait que d'une mort glorieuse, par les règles morales de la Voie du guerrier, le bushido[6] ; peu à peu se développait en moi un état d'esprit singulier qui m'incitait à la loyauté. Dès lors, je donnais à ma Voie une forme inédite de spiritualité, de toute évidence totalement fantasmée !

Ma vie se déroule, j'entreprends mon apprentissage de pâtissier, je m'engage dans l'armée puis, rendu à la vie civile, je reprends des études. C'est alors que s'offre à moi la possibilité d'aller en Australie. Certainement pour payer moins cher, je me retrouve à faire un stop de trois jours à Tokyo

6. Code des principes moraux que les samouraïs japonais étaient tenus d'observer.

où, à peine le pied posé, je me rends à l'école de judo mythique, celle du kodokan. Une révélation. Immédiatement, je me dis : « Ouah ! c'est là, c'est ce pays. » J'avais vingt-quatre ans, le Japon réel correspondait à tout ce que j'avais imaginé : des rues propres, une forme de non-agressivité, une homogénéité du peuple. Je tombe raide dingue des temples, celui d'Asakusa[7] en particulier, de leur architecture proche de notre style gothique, de leur esthétisme. Je m'enflamme pour la moindre nourriture bon marché et tellement bien présentée. Pour 300 yens (soit 3 euros), je déguste un sublime bol de *soba*[8]. Le bol en bois, la pâte, la langoustine tempura délicatement dressée, l'œuf mollet cassé au-dessus : tout est magnifique. Et puis ce ressenti qui fait que, sans comprendre le contenu de la langue, je la saisis quand même.

En quittant le Japon après ces trois jours, je n'avais qu'une idée en tête : y revenir. Et effectivement, j'y ai vécu cinq ans et n'ai eu de cesse depuis vingt-quatre ans que d'y retourner tous les deux mois. Mais en attendant, il me fallait apprendre correctement mon métier et me développer en France.

C'est à la croisée des chemins avec Joël Robuchon que, un jour, l'opportunité d'y retourner se pré-

7. Fameux temple bouddhiste Senso-ji dans le quartier d'Asakusa à Tokyo.

8. Mets japonais constitué de pâtes de sarrasin.

senta. En France, l'établissement dans lequel je travaillais était ouvert huit mois, le reste du temps je partais au Japon. C'était formidable : en parfait décalage avec les professionnels français de mon métier, je ne les croisais jamais.

À Tokyo, j'habitais une toute petite chambre très bon marché dans le quartier de Ueno et j'avais dégoté une filière pour trouver un emploi. Chez Mikuni[9], je travaillais six ou sept semaines, j'engrangeais beaucoup de yens en cash et les dépensais intégralement dans des entraînements avec des stars du judo et du kendo. Je participais également à de petites compétitions de judo dans de petites villes japonaises. Du nord au sud, j'allais dans les dojos comme ces moines sabreurs en pèlerinage dans le Japon ancien. Sans en prendre véritablement conscience, je réalisais tout ce que j'avais fantasmé de Miyamoto Musashi[10].

Le Japon, c'est l'homogénéité d'un peuple. Lorsqu'une décision est prise, elle est globalement appliquée par tout le monde. Personne ne cherche forcément à être ami avec son voisin, mais chacun respecte l'écosystème de l'autre. Personne ne déposera sa poubelle devant chez l'autre, parce que

---

9. Société japonaise de fabrication de carburateurs et d'équipements liés à l'automobile et à la moto.

10. Figure emblématique du Japon, maître bushi, philosophe, doué d'une force physique extraordinaire et auteur de plusieurs textes sur le sabre et sa stratégie. Voir aussi note 5, p. 102.

l'autre, il ne le fera pas. C'est cette fraternité fondée sur le bouddhisme zen qui mène à ces comportements respectueux : ne pas choquer l'autre, ne pas le déranger.

Le Japon, c'est aussi une architecture. Il m'est arrivé de vivre dans des *ryokan*[11] bâtis dans les campagnes et totalement intégrés à la nature. Tout y est confort, pratique : l'espace réservé pour chauffer le thé sert aussi à tiédir le tatami le soir, pour dormir au chaud. L'esthétisme fluide et discret de l'architecture vise toujours l'harmonie entre le beau et l'utile.

Et puis, l'excellence de ce peuple. Un artisan japonais est à 98 % artisan, les 2 % qui restent sont ceux de l'artiste. La rigueur déployée dans tout ce qu'il réalise est quasiment industrielle. C'est magique. Jamais il ne laisse de place au hasard, il améliore tout. Il est capable de dupliquer de façon tellement parfaite qu'il fait progresser celui qui exerce avec lui. La moindre cuisine la plus modeste d'un *Yoshinoya*[12] est toujours préparée avec soin. Il suffit de glisser 300 yens dans une machine, d'appuyer sur un bouton pour obtenir le ticket que l'on tend au cuisinier qui réalise immédiatement le plat, copie conforme de la photo. Alors, ce n'est pas le meilleur riz du monde, ce n'est pas la meilleure

11. Auberges typiques du Japon composées de grandes pièces sans cloisons dont le sol est recouvert de tatamis traditionnels en paille de riz.

12. Importante chaîne de restauration rapide japonaise.

soupe du monde, mais c'est malgré tout très bien fait. Le goût japonais est ainsi entretenu.

Excellence aussi chez les artistes. Impossible de rester sans émotion devant un béton gris, brillant, de Tadao Andō[13]. Chez nous, ce serait laid, chez lui, c'est beau. Parce qu'il a préparé son béton comme s'il préparait une soupe, dans l'esprit des *ryokan* qui jouent avec la lumière.

À force d'y aller, des liens invisibles se sont créés. Tôt ou tard, on allait me proposer un job ou me donner la possibilité de créer une entreprise. Parce que c'est ainsi au Japon, lorsqu'on vous connaît et que l'on a compris un certain nombre de choses sur votre personne. Probablement n'est-il pas anodin d'être judoka, de pratiquer le kendo, de s'intéresser à la culture japonaise. Mais certains étrangers s'installent autrement ; ce sont les grandes marques. Moi, je suis entré par la petite porte comme je l'ai toujours fait, comme ces cagous qui entraient dans les églises par des portes dérobées. J'ai monté une petite entreprise, TMJ pour Thierry Marx Japon. En son sein, je fais de l'import-export, beaucoup de cuisine, des bistrots, des restaurants gastronomiques, des boulangeries et des produits de pâtisserie. Mais il est très difficile d'expliquer à mes actionnaires français et occidentaux que non, il

13. Architecte japonais autodidacte mondialement connu pour ses réalisations en béton et qui désigne la lumière comme matière première de l'architecte.

n'est pas nécessaire d'assommer séance tenante les Japonais avec un contrat ! Ce n'est pas ainsi que cela fonctionne.

C'est ce que j'aime au Japon. J'aime cette culture, l'*ikebana*[14], les bonsaïs, les forêts de cèdre de Kagoshima[15]. J'aime cette île que l'on appelle l'île des Dieux, qui n'a vu personne y naître et personne y mourir parce que la nature y a repris ses droits – des chevreuils vous y bousculent parfois en traversant la chaussée – et que l'homme ne lui impose rien d'autre que la cohabitation ; une terre spiritualisée dont on dit que c'est probablement là que le Japon s'est créé. Ce lien avec la nature, je ne peux le reproduire ici ; je n'essaie pas d'ailleurs.

J'ai découvert le bouddhisme zen à Koya-san, haut lieu de pèlerinage situé sur le mont Koya[16], à l'époque où il n'y avait pas encore de touristes. Pour atteindre le temple des lumières où nous allions méditer et vivre avec les moines, nous empruntions un petit chemin juste éclairé de quelques bougies qui traçaient la voie sans choquer les *kamis*, les esprits. À l'arrivée, un moine nous inondait d'encens, afin que notre parfum ne puisse rien déranger. C'est cela, le Japon. Pas de conflits entre tradition

14. Art floral japonais.

15. Ville située à l'extrémité sud de Kyūshū, la plus méridionale des quatre îles principales du Japon.

16. Montagne sacrée de la péninsule de Kii, localisée dans la préfecture de Wakayama, à 100 kilomètres au sud d'Osaka.

et innovation, seule la transmission compte. Un moine bouddhiste peut ainsi aller bénir les chaînes de montage de Mitsubishi : c'est la transmission d'une époque à une autre. En contrepartie, les automobiles produites doivent être respectueuses de l'environnement. Lorsque l'État décide d'interdire le diesel dans Tokyo, cela prend deux ans et personne ne se plaint. Ce n'est pas une dictature, l'État n'est pas plus fort qu'ailleurs, mais les citoyens le respectent comme ils se respectent entre eux. Le Shinkansen, ce train qui traverse le Japon, n'a jamais de retard. Pourtant, il peut se produire qu'un tremblement de terre l'oblige à s'arrêter pendant dix minutes. Eh bien, vingt-cinq personnes vont venir s'excuser mille fois d'un retard dont elles ne sont pas responsables !

Évidemment, avec l'ouverture à une diversité sociale qui n'a pas forcément les mêmes valeurs, les choses évoluent. Mais se couler dans cette culture du respect est tellement confortable que, finalement, lorsqu'on s'installe dans ce pays, on se met à fonctionner comme ses citoyens.

J'habitais dans un quartier où je devais faire le « rondier » une fois par mois, accompagné de trois autres voisins. Cela consistait à faire le tour du quartier pour identifier les rares incivilités, les individus qui rangent mal leurs vélos ou les enfants qui laissent traîner quelques détritus, pour les signaler à l'administration qui déciderait ou pas de verbaliser.

En copropriété, que ce soit en ville ou en ruralité, on se doit d'entretenir la propriété. Alors, le dimanche, avant toute chose, le spécialiste de l'électricité change les ampoules, tandis que le jardinier s'occupe des fleurs et que les dames ou les messieurs un peu plus âgés cuisinent le repas et préparent les *bentos*[17] pour tout le monde. C'est cette forme de Japon que j'aime. Il n'y a pas d'obligation, mais si l'autre le fait, moi je le fais aussi. Tout le monde est discipliné, peut-être parce que le pays est situé sur une faille sismique et que l'on peut tous mourir ensemble.

J'étais dans la région de Sendaï[18] quinze jours après le tsunami. Tout était totalement dévasté. Depuis, j'y retourne régulièrement et les autorités m'interrogent : « Mais pourquoi vous intéressez-vous à la région de Sendaï ? Ça va, c'est du passé. » Ce qui veut dire qu'il faut tourner la page. Ils y réalisent un travail exceptionnel, d'après des ingénieurs de centrales françaises que j'ai pu rencontrer. Tous étaient convaincus que les Japonais avaient fait le bon choix pour la réhabilitation de Fukushima, que ce qu'ils faisaient alentour n'avait jamais été fait

---

17. Coffrets compartimentés dans lesquels on dispose les différents ingrédients d'un repas pour déjeuner au bureau.

18. Située au nord du Japon, c'est la plus grande ville de la région du Tohoku avec plus d'un million d'habitants. Elle a su renaître après le terrible tremblement de terre de mars 2011 qui a causé le fameux tsunami à Fukushima.

nulle part ailleurs. De la vraie innovation. C'était plutôt rassurant.

Au Japon, j'ai surtout trouvé une forme de sérénité. Dans le métro, les gens portent leur téléphone autour du cou, mais ils font attention de ne pas parler pour ne pas déranger. Si vous perdez votre téléphone, tout le monde va faire ce qu'il peut pour vous aider à le retrouver et vous le ramener. À trois ou quatre reprises, j'ai perdu mon ordinateur, oublié dans un taxi. Chaque fois, le conducteur a fait le tour de Tokyo sans prendre de clients pour me retrouver et me le rapporter. Il y a gagné en karma, pas en *tips*. Car cette société ne conçoit pas le pourboire. Si vous voulez offenser un Japonais, vous lui en laissez un. C'est une insulte terrifiante : vous le rabaissez en payant son service, sa morale.

C'est le même processus avec l'hyperprofitabilité affichée, considérée comme un manque de respect : nous sommes des êtres humains, nous n'allons pas nous rabaisser à cela. C'est pourquoi il faut être extrêmement fin dans une négociation avec les Japonais – la relation avec les Chinois est toujours plus commerçante. Avec eux, les négociations ne sont jamais terminées et lorsqu'on aboutit, un léger parfum de tristesse s'empare de chacune des parties.

C'est la mission de vie qui compte, la voie que l'on se donne. Rien n'est fait pour rien, tout a un sens. Nous sommes sur une voie médiane entre l'ordre et le désordre. Si l'on tombe dans le désordre, il faut se recentrer : c'est le bouddhisme et la méditation zen. Si l'on est trop dans l'ordre, il faut retrouver un projet, sinon c'est la sclérose et il ne faudra pas venir se plaindre si l'on nous oublie ou si l'on nous considère comme enkystés.

Je ne suis pas certain que les Japonais se rendent compte que leur société peut nous sembler assez dure et contraignante ; j'en parle moi-même comme un Occidental. Mais le bouddhisme peut aider à la comprendre. Je me souviens d'une légende : une femme se déplace dans le village avec un enfant mort et elle demande de l'aide à tout le monde. L'enfant est mort, on ne peut rien pour elle. Elle pleure beaucoup, ne veut ni enterrer ni incinérer son fils. Un paysan lui dit alors : « Il n'y a que Bouddha qui pourrait faire quelque chose pour ton enfant. » Elle finit par s'adresser à Bouddha qui lui répond : « Je peux effectivement ramener ton fils à la vie, mais il faut que tu me trouves un grain de riz fermenté dans une famille où il n'y aura jamais eu d'enfant mort. » Et évidemment, cela est impossible. Voilà une façon de dire que nous ne sommes pas des victimes, qu'il n'est pas nécessaire de chercher un bouc émissaire, de penser que si on n'y arrive pas, c'est la faute de l'autre. Oui, la vie frappe fort, durement, mais à un moment donné il faut accepter et continuer à avoir un projet. Le symbole, c'est la libellule : lorsqu'elle recule, c'est pour se reproduire et mourir. Les Chinois expriment à peu près la même chose : « Le jour où tu auras les poings serrés, c'est l'heure où tu vas mourir. » On ne meurt pas tant que l'on est ouvert à la vie, que nos gestes sont beaux, libres, élégants.

C'est cet esthétisme du Japon qui me plaît. Lorsqu'on utilise des baguettes, c'est pour ne pas abîmer le produit, pour ne pas se goinfrer aussi. Tout cela a du sens. Au Japon, je me faisais régulièrement tancer : « Ne touche pas la nourriture avec tes doigts, il n'y a que les Français qui agissent comme ça, c'est sale, me disait-il. Tu fais comme tout le monde, tu prends des baguettes. » J'ai eu la chance ensuite qu'on m'envoie des baguettes sur mesure. Elles sont devenues un prolongement de moi-même. Je les fais refaire dans la région de Kawakami[19], avec du bois de cèdre. En les plongeant dans le bouillon, elles se réchauffent et sentent bon. Depuis très longtemps maintenant, je m'en sers en permanence pour dresser mes assiettes. Le geste est beau, on n'abîme rien, on ne se salit pas, c'est très agréable.

Le Japon, c'est une contraction entre la Chine et la Corée. Historiquement, le pays s'est refermé sur lui-même pendant deux cents ans. Ce sont des îles protégées par la nature. Jusqu'au XVIIIe siècle, la dynastie de shoguns Tokugawa a imposé au Japon une organisation militaire, un ordonnance-

19. Village de montagne situé au centre du Japon.

ment des activités selon deux centres urbains, Edo – aujourd'hui Tokyo – qu'ils choisirent comme capitale pour s'éloigner de Kyoto, la capitale impériale marquée par l'influence de la cour de l'empereur et les temples bouddhistes. L'art, l'esthétisme, l'esprit, la gastronomie étaient du côté de Kyoto ; les samouraïs et le commerce, pêcheurs, artisans, producteurs, détaillants du côté de Tokyo, le siège du pouvoir. Ensuite, lorsque l'ère Meiji a signé la fin de la politique d'isolement volontaire et le début d'une politique de modernisation rapide du Japon, un nouveau modèle urbain inspiré du modèle occidental a vu le jour, bouleversant l'organisation de la société nipponne.

C'était une culture où les gens ne reculaient pas. Comme les libellules. Confronté à une situation qu'il ne savait pas résoudre, un Japonais se donnait la mort. Aujourd'hui encore, un salarié de cinquante ans se jette sous le métro à Shinjuku[20] parce qu'il a perdu son travail et sa femme par la même occasion. Mais la société est en train de muter. Il y a encore quinze ans, on ne voyait personne dormir dans la rue. On cachait cela. Maintenant, avec la non-étanchéité des frontières, on en voit. Mais bien malin celui qui pourra dire ce que sera le Japon de demain. C'est un pays extrêmement cadré, qui a enraciné tellement de savoir-être qu'il

20. Quartier de Tokyo qui concentre gratte-ciel et grands magasins.

est très agréable d'y vivre. Et je sais comme cela peut paraître étonnant de ma part d'apprécier à ce point l'encadrement de la société ! Mais c'est un pays qui m'inspire. Je ne peux revenir du Japon sans un carnet de croquis, sans des notes prises en permanence.

Ce que j'ai vu le plus bouger au Japon, c'est le café. Dans les années 1988-1990, personne ne buvait de café, on n'en trouvait pas hormis chez le petit Italien du coin. Depuis, Starbucks s'est installé et a pris un essor hallucinant. Pourtant, ce n'est pas le meilleur café du monde... Tokyo est devenu une mégapole, on y parle l'anglais, le français, je l'aime de moins en moins. Maintenant, je vais dans la campagne japonaise, à Iwaté, au nord-est du Japon. On y a encore gardé le petit lopin de terre pour y faire les 120 navets que l'on sait déjà à qui vendre. La région n'a pas été touchée par les pollutions de la diversité ; je dis « pollutions » avec beaucoup de bienveillance.

J'ai besoin de ces paliers de décompression pour me ressourcer. Notre société occidentale porte des valeurs, des populismes qui m'accablent. Si l'on n'a pas de projet, c'est toujours la faute des riches ou en raison de son origine sociale. Jamais l'on ne se remet en question. Chez les Japonais, on est au contraire responsable de sa vie, ce sentiment est profondément ancré en eux. Mais il est vrai aussi que c'est un pays tellement homogène, tellement structuré, sans conflits entre tradition et innovation, qu'il court le risque de disjoncter. Comme l'Allemagne en son temps. Parce que, lorsque vous commencez à penser que tout le monde devrait être comme vous, la dérive totalitaire est possible. C'est le cas en Europe, dans certains pays où l'on croit que l'on peut être un être supérieur…

Dans le cadre de mon métier, j'ai eu la chance de croiser la route de Kiyomi Mikuni, de Jirō, de Sawada, de Takao Takano dit Taka, de Yoshihiro Murata et autres grands de la cuisine japonaise qui ne m'ont pas dit cinquante mots mais m'ont fait découvrir le *kaiseki*, le haut niveau de la cuisine et du sushi. Une claque ! Parce que avec eux je me suis senti totalement ignorant ; je n'avais rien compris et surtout, il n'y avait rien à réinventer !

« Qu'est-ce que la cuisine ? » ai-je demandé à Taka dont la spécialité est l'œuf – il confectionne un menu de neuf recettes à base d'œuf et neuf recettes à base de dorade. Un jour, je l'ai vu faire. Il prend un œuf qu'il cuit pendant cinq minutes dans une eau de source de la montagne de Kyoto à ébullition et à gradient descendant. Il écale l'œuf et le découpe. L'œuf est mollet, le jaune semble coulant, pourtant sur son couteau pas la moindre trace de jaune ; l'œuf est suffisamment cuit pour ne pas couler. Puis il prend une dorade de 1 kilo ou 1,2 kilo, qu'il pique délicatement derrière la tête pour la laisser mourir doucement, et réalise neuf plats sans perdre un seul gramme du poisson.

Il a pris vingt bonnes minutes pour me répondre : « La cuisine, c'est la maîtrise du geste, la maîtrise du feu et la maîtrise du temps. Le geste, c'est : à coupe juste, goût juste. Le feu, c'est la cuisson du plat, l'intensité ou pas. Si ce n'est pas assez, ce n'est pas cuit, si c'est trop, ça brûle. Et le temps, c'est le temps pour faire les choses et la saisonnalité. »

Le geste, le feu, le temps : c'est bien ce triptyque qui compte. Une sorte de grammaire équivalente à celle du langage qu'il s'agit d'acquérir pour pouvoir jouer avec les ingrédients ; tant que l'on n'a pas la grammaire, il est difficile de jouer avec les mots.

J'ai demandé à Yoshihiro ce qu'il pensait de la définition de Taka. Il était d'accord : « Le geste, c'est ce qui donne du confort de dégustation à un produit tout en restant au plus près du goût originel », a-t-il ajouté.

Depuis peu, j'apprends les *hiraganas*, les caractères fondamentaux d'une des quatre écritures japonaises. Pour nous les Occidentaux, c'est franchement difficile. Pourtant, je me souviens gamin avoir utilisé une plume Sergent Major pour apprendre à écrire – pas longtemps, une année peut-être, avant de passer au stylo-plume. On nous enseignait alors les pleins et les déliés, le mouvement de graphie nous permettait de mémoriser la forme et le geste. La répétition d'un geste permet au corps de le mémoriser. Souvent, je pose cette question à un apprenti :

« Pourquoi coupes-tu mal ? Pourquoi émінces-tu si mal cet oignon ? »

En général, j'ai droit à cette réponse :

« Ah, bah... je sais pas... pourtant, je fais comme j'ai appris. »

Et je réponds :

« Non, tu ne sais pas te servir de ton couteau. Tu ne le respectes pas, puisqu'il ne coupe pas et que tu ne te donnes pas la possibilité de ne pas te fatiguer comme avec un couteau bien affûté. »

Si le couteau est mal affûté, le geste n'est pas bon. On écrase l'oignon, l'échalote, cela crée un petit jus qui devient extrêmement noir, extrêmement acide, très difficile à digérer.

Lorsque je travaillais dans une maison à Kyoto, nous arrivions tous les matins une demi-heure plus tôt pour affûter nos trois couteaux. Le chef passait à côté de notre poste de travail, discrètement il vérifiait l'affûtage et lorsque ce n'était pas parfait, il nous mettait au nettoyage des légumes : on ne devait pas toucher le produit destiné au client. Évidemment, il n'expliquait rien, on ne se fâche pas avec un humain, ce n'est pas assez noble. En même temps, c'est un tout petit pays où la santé terrestre des humains est extrêmement importante. Au Japon, avant de découper un poisson, on le lave trois fois, le lieu où l'on va le découper doit être hyperpropre, sans la moindre trace de sang. Lorsque je suis au Japon, je m'épile rigoureusement les mains et les bras. Les maîtres sushis, eux, portent souvent un élastique aux manches pour que leurs poils ne puissent se déposer sur le poisson. C'est un petit archipel. Pendant des siècles, les Japonais se sont battus pour ne pas se laisser envahir et contaminés par n'importe quelle bactérie. C'est le seul pays au monde où la première des choses que l'on vous présente lorsque vous recevez des produits, c'est la date de péremption. Et cette date de péremption, vous la montrez aussi au client qui répond par un signe de la tête pour dire qu'il a compris la mention. On ne trompe pas l'autre, c'est une valeur totalement intégrée du bouddhisme où ce respect permet d'éviter les problématiques négatives pour son karma.

Le bouddhisme produit des comportements, un agir social que l'on rencontre également en dehors du Japon. J'ai ainsi vu un homme se suicider dans un hôtel en Thaïlande, un Occidental dérangé mentalement. Eh bien, les Thaïs rigolaient en ramassant le corps du type tombé au sol. « Il était très sympa, très gentil avec nous. Il aura une super vie, une vie géniale après », disaient-ils satisfaits. En 1988, lorsque j'y vivais, il y avait très peu d'Occidentaux, seuls quelques aventuriers dont je faisais partie qu'on appelait des routards. Les Thaïs étaient alors merveilleux. Vous n'aviez rien à manger ? Ils vous invitaient tout naturellement chez eux. Pour bénéficier d'un super karma. Depuis, tout cela a été corrompu. À Bangkok, j'ai l'impression d'être à Sarcelles ! Comme tout y est autorisé, les gens font n'importe quoi. Au *Mandarin* de Bangkok, je faisais venir des gamins de France ou même d'Europe pour travailler avec moi. Tous s'enquéraient de ce à quoi ils devaient faire attention. Et je répondais systématiquement : « À toi. Parce qu'il y a de tout ici : tu peux te taper des nanas, des mecs, fumer n'importe quoi, mettre n'importe quoi dans tes narines… Si tu fais copain avec des Occidentaux, tu auras des emmerdes ; si tu restes avec les Thaïs, tu n'en auras pas. » Lorsque l'on était obligé d'expulser quelqu'un, une fois sur deux c'était parce qu'il avait traîné avec des types qui lui fournissaient des stupéfiants ou des masseuses, qui pratiquent la prostitution.

Le Sud-Est asiatique donne l'impression d'un bouddhisme beaucoup plus nonchalant que le bouddhisme zen japonais, un outil social fortement influencé par le shintoïsme. Une anecdote éclaire de façon significative ce sentiment : en Thaïlande, lorsque je risque d'acheter trop cher un produit, une amie qui parle parfaitement le thaï intervient auprès du vendeur : « Non, tu ne peux pas lui vendre à ce prix-là : il n'aura plus de quoi nourrir ses enfants. » Et invariablement, le commerçant se propose *illico* de m'offrir l'objet ! Les Thaïs sont ainsi, c'est aussi le malheur de ce peuple. Parce que, évidemment, lorsque les Occidentaux ont approché cette culture, il leur a été facile d'utiliser les Thaïs autrement, dans les spas à prostitution par exemple. Les touristes masculins sont plutôt âgés, les filles sont belles... Si tout le monde est content, qu'ils sont heureux, qu'ils se respectent et n'embêtent personne, il n'y a rien à en dire. En ce qui me concerne, je n'ai quasiment jamais fréquenté de Thaïs et n'ai jamais découvert une culture telle que les Occidentaux ont pu la fantasmer.

Je m'interroge. Pourquoi ne suis-je pas resté au Japon ? Je l'ai toujours aimé, je l'aime toujours, viscéralement, sans plus l'idéaliser : aujourd'hui je suis tenté de partir m'y installer ; j'ai repéré des lieux qui me font du bien, près de la mer intérieure. Mes enfants sont grands, j'avais échafaudé une vie pour eux, croyant qu'ils choisiraient de s'y conformer, finalement ils sont partis vivre aux États-Unis. Je sais que je serai bientôt le *has been* de service, qu'ils finiront par m'enterrer entre deux rendez-vous : autant faire ce que j'ai envie de faire maintenant, continuer à vivre du projet en attendant d'être un peu moins dans ce business que j'assume totalement mais qui m'afflige un brin, ce monde où je dois dépenser 2 000 euros par mois en frais d'avocat pour valider des contrats puisque mes interlocuteurs ne sont pas capables de tenir leur parole… Ce n’est pas un monde qui m’intéresse : moi, j’ai pris des boulots en serrant la main de mon employeur. Alors, une autre vie, pourquoi pas ? J’ai l’impression d’en avoir tellement eu déjà !

K

Kamis

« Kamis : *esprits bienveillants.* »

Parce que j'avais forcé leur porte totalement par hasard – aujourd'hui je me dis que j'y étais allé fort ! –, je me suis retrouvé dans l'environnement de gens que je revendique comme mes mentors, Joël Robuchon ou Claude Deligne notamment, et que j'ai quittés sans qu'ils ne m'épaulent jamais par la suite. Peut-être ne peut-on être l'élève de quelqu'un sans qu'il l'ait souhaité. Mais les mentors ne sont pas des *kamis*.

Je voudrais rendre hommage à ces petits esprits que les Japonais appellent les *kamis*, des esprits bien vivants qui m'ont aidé à un moment donné de ma vie : des personnalités bienveillantes, amies ou pas, croisées pour certaines quelques heures furtives seulement et qui, cependant, représentent beaucoup pour moi. Toutes m'ont fait grandir. Fut un temps où j'étais dans la revanche, parfois dans la revendication, grâce à elles jamais je ne me suis installé dans la plainte, jamais je ne me suis lamenté d'un possible manque de chance.

Je garde bien évidemment à l'esprit mes premiers éducateurs, des professeurs de judo et de boxe qui venaient me chercher jusque dans la cage d'escalier de mon HLM pour m'accompagner aux cours, également des Japonais qui m'ont ouvert plus tard au bouddhisme zen. Je pense à José Gutman, un immense professeur de management dont j'ai croisé l'univers grâce à la cuisine qu'il adorait. Avec lui j'ai appris pendant deux ans à manager sans exercer de pression excessive ; j'en avais effectivement besoin pour avancer.

Un ancien médecin urgentiste m'a aidé à considérer la vie sous un angle positif. À une amie catastrophée – sa fille d'à peine seize ans venait d'accoucher –, il avait confié : « Vous savez, des yeux qui s'ouvrent c'est mieux que des yeux qui se ferment. » Cette phrase toute simple, tellement évidente, a permis à toute la famille de digérer l'événement. Moi qui ai vu nombre de gens mourir en pensant chaque fois : c'est fini, il est parti, il n'y a plus rien, aujourd'hui, je le sais : des yeux qui s'ouvrent, c'est magique !

Dans un autre registre, c'est en tentant de monter un hôtel ensemble que j'ai croisé la route de cette femme remarquable, Régine, et même si notre projet commun a échoué, elle m'a énormément apporté. Je me souviens en particulier d'une discussion qui m'avait interpellé. Je lui rapportais des propos échangés le soir précédent :

« Mais qui vous a dit ça ? m'avait-elle demandé.

— M. Machin, hier soir vers minuit au *Regine's*. »

Et elle de m'asséner :

« Mais, Thierry, je vais vous apprendre une chose : tout ce qui est dit la nuit ne voit pas le jour ! »

Et c'est tellement vrai : ce qui est dit la nuit ne voit pas le jour. Je le répète aux gamins lorsqu'ils me relatent leurs histoires nocturnes : « Tout ce que t'a raconté ce mec sympa, classe, sa Rolex, sa Porsche et tout le reste, attends donc demain matin pour voir un peu si cela va durer ! »

Véronique Colucci est une personne qui a compté pour moi, vraiment. Lorsque je l'ai rencontrée, nous avons passé beaucoup de temps ensemble à développer l'idée d'une école de cuisine pour des gens en situation de précarité. Cela deviendra le réseau *Cuisine Mode d'emploi(s)*. C'est avec elle et Véronique Carillon, l'actuelle directrice du réseau, qui martèle qu'il n'existe pas de quartiers voués à l'échec, que nous avons monté le projet. Je me souviens de ses mots au Resto du cœur de la Villette : « Fais-le, n'attends pas que quelqu'un te donne l'argent qu'il te faut ! » m'avait-elle dit en m'ouvrant son carnet d'adresses. Ce sont des paroles qui libèrent, elles m'ont permis de lancer l'entreprise. Puis elle est tombée malade, mais elle venait malgré tout à la remise des diplômes de l'école. À la dernière remise, je voyais bien que ça n'allait pas. Je partais au Japon le lendemain, je n'arrêtais pas de l'appeler : « Véronique, on prend un café ensemble quand tu veux, je me déplace… » J'appelais l'épouse d'Enki Bilal pour lui demander des nouvelles de Véronique, elle me répondait qu'elle ne voulait pas trop m'en dire. Elle me protégeait… Au cimetière de Montrouge où nous sommes allés l'accompagner une dernière fois, je me suis revu jeune motard à l'époque de Coluche, quand, bien au-delà de l'acteur, il nous touchait tous, nous, gens du peuple. Je garde le souvenir du silence impressionnant qui s'est soudain abattu au lancement de la *Chanson des Restos* écrite et composée par Goldman à l'initiative de Coluche qui cherchait un premier financement pour son association. C'était glaçant comme peut l'être le *Chant des partisans*. Nous nous sommes tous effondrés.

Jacques Attali fait partie de ces personnalités formidables qui vous aident dans la vie à vous dire que, finalement, vous ne vous êtes pas tant trompé que cela ou qu'au contraire, il serait temps de réviser sa copie. Que c'est aussi simple que cela. J'ai travaillé avec lui sur l'économie sociale, ses saines réflexions m'ont énormément apporté. Il m'a aidé à écrire mon livre, il a écrit sa préface. Avec *L'Homme positif*[1], je voulais rendre hommage aux hommes qui passent leur temps à abattre des cloisons quand les hommes négatifs ne pensent qu'à les remonter avec leurs plaintes, avec leurs théories autour des migrants ou des individus qui ne fichent rien, leur recherche perpétuelle de boucs émissaires ; c'est terrifiant, je ne veux plus les entendre. Heureusement, il y a aussi pléthore de gens positifs. Je pense en particulier au président israélien Shimon Peres, à ce message qu'il porte : « Vous connaissez la différence entre un homme positif et un homme négatif ? Tous les deux mourront, mais il y en a un qui aura eu une vie heureuse ! »

1. Michel Lafon, 2015.

L

Liberté

« Ma liberté a été de dire non. »

C'est curieux, mais dès que je prononce le mot « liberté » je respire mieux, comme si l'énoncé suffisait à produire cette dose d'oxygène qui autorise à redresser la tête et à porter le regard loin devant soi.

La liberté a toujours été pour moi une évidence. Très tôt, j'ai ressenti le besoin d'être libre, non dépendant d'un cadre, qu'il soit familial, social ou religieux. En réalité, je redoutais de vivre ce qu'avaient subi mes parents, cette soumission à l'employeur qui les condamnait chaque lundi matin à quitter la maison avec la boule au ventre, se demandant sans cesse si l'entreprise n'allait pas mettre la clé sous la porte et comment alors ils pourraient s'en sortir. On leur a fait faire tout et n'importe quoi sous prétexte qu'ils manquaient de formation. C'était scandaleux.

Ma liberté a été de dire non. Non à un système qui m'aurait cantonné à mes origines, à mon quartier, à ce que l'on voulait me faire croire que j'étais. Mon premier choix de liberté, un choix très brutal, je l'ai fait à treize ans en refusant une formation en mécanique générale, alors que je postulais pour l'école hôtelière. Au travers de notations préétablies, l'État m'attribuait un métier qui ne m'intéressait absolument pas, je me confrontais à un système inacceptable, c'était somme toute assez difficile de résister, mais j'ai tenu bon.

Plus tard, lorsque, à vingt-cinq ans, j'ai entrepris de reprendre mes études en cours du soir, j'ai également fait un choix de liberté décisif. Pour m'y consacrer, j'acceptais de casser un certain nombre de conditions de mon écosystème, de quitter ma zone de confort, ma petite amie… Ce fut rude mais bénéfique. Mon engagement dans l'armée fut également un choix de liberté déterminant. Quoi de mieux qu'une institution comme l'armée pour me proposer un voyage, un changement de vie ? Je suis allé vers cet engagement avec l'armée de terre au grand dam de mes potes qui ne comprenaient absolument pas ce que j'étais en train de faire. Ma copine m'a plaqué, je suis parti sans tourner la tête.

Ce qui m'a donné la force de mes choix, c'est le levier de la formation. Comme chez les Compagnons du devoir, je me bats en permanence pour que les gens se forment, qu'ils soient des hommes libres ne se résumant ni à leurs origines ni à leur statut. Cette liberté est essentielle. Ce qui m'inquiète toujours dans la précarité, c'est que les gens finissent par dépendre d'une aide, publique ou privée, et par croire qu'ils la méritent à peine. La classe ouvrière française s'est émancipée de sa dépendance à l'égard du maître grâce à la formation professionnelle devenue indispensable pour s'émanciper de la monarchie et de la bourgeoisie. Se former, c'est se mettre en confiance pour affronter la vie.

Pour échapper à certaines contraintes, j'ai toujours eu besoin de trouver un chemin de liberté, une voie qui m'était propre, et j'ai œuvré dans ce but. J'ai milité pour ce que je croyais juste, j'ai pris des décisions et j'ai trouvé une forme de liberté y compris dans mon premier moyen de locomotion qu'était la mobylette, puis avec la moto qui me procure cette sensation de ne pas être comme les autres, de ne pas être la pâte malléable qui rentre dans le moule. Cette sensation de liberté, c'est la seule vraie richesse. À moto – à cheval également –, je n'ai plus besoin de grand-chose. Je prends la route avec mon sac de voyage, je m'arrête où je veux, je suis heureux.

C'est une grande chance la liberté et c'est une voie que, à un moment donné, j'ai fait le choix d'emprunter en prenant des arbitrages contraires à un système, à une autorité, à des doctrines préétablies, en en assumant les conséquences, les dégâts collatéraux. Choisir de ne pas suivre le mouvement, de ne pas être un mouton de Panurge, c'est difficile, cela nécessite une certaine force de caractère. Peut-être l'ai-je héritée de mon grand-père... Lui qui n'avait jamais trop cru à la parole politique, qui assurait qu'il fallait être gonflé pour être communiste à dix-huit ans et con pour l'être encore à trente, avait une formule assez explicite : « Non, si je ne l'ai pas décidé », disait-il.

La liberté, c'est cela et c'est fragile. Il faut faire attention à la petite veilleuse qui clignote en nous comme un sémaphore pour nous maintenir en éveil : attention, fais tes choix d'homme et vas-y. On ne doit pas la laisser s'éteindre sous peine de tourner en rond, nous avons besoin de ce repère de liberté extrêmement combatif qui éclaire la voie sur laquelle nous sommes.

Aujourd'hui, je me sens libre, avec des loyautés qui parfois s'opposent. J'ai fait des choix compliqués comme de partir, de quitter ou de ne pas quitter, mais arrivé à l'âge que j'ai, je dispose pour ma liberté d'un petit peu plus de moyens, d'une richesse qui n'est pas numéraire. Je suis maintenant capable de dire non à une institution qui ne me convient pas, non, ça, je ne le ferai pas. Vous ne répondez pas à mon cahier des charges ? Au revoir. Mon grand-père avait une expression pour décrire l'hésitation, la résistance : danser devant le buffet.

M

Main

« La main est le prolongement de l'esprit. »

La main, c'est l'essentiel de mon métier, presque l'essentiel de ma vie.

Cela a été la main tendue des Compagnons du devoir, qui m'ont pris en charge pour me former, celle de mes camarades d'armée qui m'ont épaulé lorsque la vie était un peu compliquée. C'est un symbole extrêmement puissant de la transmission et sans transmission, la tradition n'est qu'un tiroir vide. C'est le symbole de l'artisan qui diffuse un savoir-faire dans l'ouverture et la compréhension de l'autre, celui des Compagnons, des Maçons inspirés de ces derniers, des mains fraternelles qui s'échangent clandestinement des codes de reconnaissance pour s'entraider et trouver de l'ouvrage sans souffrir des interdictions de l'Église et de l'autorité royale.

Tout se transmet par la main, tout passe par elle. Les émotions, les saveurs, les savoir-faire : dans tous les cas, la main joue le trait d'union entre les êtres ; un couple amoureux le dit avec les mains avant de le dire avec la bouche. Elle signe la relation à l'humain, à l'animal, à la matière au travers d'un toucher parfois ferme, violent ou sensuel ; on parle de main franche, de main honnête. Sa sensibilité tactile particulièrement développée est un moyen de perception puissant de l'autre. Au judo, ce qu'on appelle le *kumi kata*, le fait de poser ses mains sur le kimono de l'autre pour ressentir ses émotions et anticiper le mouvement qu'il va déclencher, suppose la création d'un lien entre les deux adversaires. Essentiels, les gestes de la main déterminent la posture. Sans un bon geste, pas de bonne posture corporelle et vice versa. À cheval, si la position du corps n'est pas bonne, la tenue des rênes ne le sera pas non plus.

La main est dirigée par le cerveau, je dirais même qu'elle est le prolongement de l'esprit. Elle révèle ce que l'on pense, ce que l'on est. Pour prendre des décisions, montrer des trajectoires, elle doit être juste, bienveillante et suffisamment ferme. J'aime bien ce symbole du leader qui trace la voie, qui encourage ou mobilise. Si l'individu est bienveillant, la main sera bienveillante ; s'il est assez inspiré et assez malveillant, la main sera malveillante. La main qui frappe ou qui punit est une main à la dérive, une main qui transmet quelque chose de l'ordre de l'impur. Elle exprime un ratage : quand il n'y a plus de mots, reste la violence.

Dans les pays asiatiques où l'on ne se salue pas avec la main, on sait qu'elle est révélatrice de sentiments bons ou mauvais, alors, on s'incline, cela évite de se connecter à l'autre. Pour nous, Occidentaux, c'est impensable, la connexion par la main reste indispensable.

La cuisine, c'est la maîtrise du geste. Coupe juste et maîtrise de l'outil qui prolonge le geste. Dans la main passe une sorte de vibration presque électrique qui permet à l'inspiration de naître. Je regarde un morceau de poisson, un légume, je sais qu'il va me falloir une bonne main au toucher bienveillant, sensuel, pas trop puissant, sinon le produit risque de tiédir ou de se faner et cela abîmera sa chair. Être blessé à la main est un terrible handicap pour un artisan. Lorsqu'on débute dans le métier, on se coupe et on se brûle beaucoup. La main se durcit, c'est très ennuyeux. J'aurais aimé garder des mains d'enfant, des mains de femme, douces et caressantes.

Je me souviens d'un grand couturier avec lequel j'ai travaillé. Chaque fois qu'il attrapait un morceau de tissu, il le froissait pour déterminer sa viscosité et sa composition. En ce qui me concerne, à l'œil et au toucher, je suis capable de savoir d'où proviennent ces légumes, ce morceau de poisson, cette pièce de viande, et de quoi ils sont composés. Derrière une main il y a toujours un homme, construit ou déconstruit, cela conditionne tout.

N

Notoriété

« La notoriété ne croît que si elle est durable et utile aux autres. »

Réputé pour sa grande beauté autant que pour son égoïsme et sa vanité, il découvrit son reflet dans l'eau, en tomba amoureux et resta figé dans cet amour impossible jusqu'à se laisser mourir. C'est le côté sombre du mythe de Narcisse, c'est aussi parfois à mon sens le modèle de ce que la notoriété produit : une image superficielle de soi que l'on projette sur l'autre et que l'autre nous retourne, avec le risque de se retrouver hors-sol, d'oublier ses origines, de perdre ses repères.

C'est troublant et dangereux, la notoriété. Moi, je l'ai vécue comme un dédoublement. À un certain moment de ma vie, pour acquérir de la notoriété, j'ai un peu caché qui j'étais, d'où je venais, quel avait été mon cheminement pour tenter de gagner un petit peu de gloire. Puis la notoriété est arrivée en deux phases : en 2004, d'abord, avec *Envoyé spécial* ; en 2010, ensuite, avec l'émission de cuisine de M6, *Top Chef*. Et là, il a bien fallu que je révèle d'où je venais. J'avais déjà un peu défrayé la chronique mais dans le seul microcosme professionnel, car je défendais un type de cuisine militant, fondé sur l'innovation. J'étais provocateur, parce qu'il faut l'être pour faire bouger les rigidités et que, tôt ou tard, on passe tous par cette phase. Dans la rue on me reconnaissait, on s'adressait à moi, on me prenait pour un être supérieur. Partagé entre fierté et culpabilité de la réussite qui me gâchait la vie en me rappelant d'où je sortais, j'avais peur de ce dédoublement. Je voulais rester Thierry Marx. J'avais déclenché une image médiatique ; je sentais bien que je risquais de me considérer comme un élu. Très rapidement, j'ai essayé de me souvenir de qui j'étais, quels combats je voulais mener pour que la célébrité ne finisse pas par fabriquer un autre personnage.

Ma grande chance a été de croiser la route des Restos du cœur, de m'investir pour monter *Cuisine Mode d'emploi(s)*, de rencontrer très régulièrement des personnes en situation de précarité qui m'ont rappelé que j'aurais pu être à leur place. Je n'ai pas eu envie de me fabriquer une autre personnalité, je suis revenu à des valeurs d'existence simples et je me suis dit que le peu d'éclairage, le peu de notoriété extrêmement éphémère que j'avais, j'allais le mettre au service des autres et le redistribuer avec générosité. À quoi sert cette notoriété si je l'emporte au cimetière ? Par contre, si j'en fais profiter ceux qui sont issus des mêmes quartiers, qui ont les mêmes parcours de vie que moi, c'est non seulement très agréable mais aussi absolument essentiel.

Je me souviens d'un événement qui m'avait beaucoup troublé, ce qui avait probablement échappé à ma mère. Elle devait avoir soixante-dix ou soixante-quinze ans à l'époque, j'allai lui rendre visite à la buvette du stade de rugby et elle m'avait demandé si elle pouvait me présenter aux gens qui l'entouraient et qui ne voulaient pas croire que j'étais son fils, le Thierry Marx qu'ils avaient connu. C'était perturbant. Je venais d'un milieu assez modeste, j'avais tout fait pour en sortir et finalement, ma notoriété m'éloignait de mes racines, alors que je manifestais clairement mon désir de tout redistribuer. C'était compliqué et presque inexplicable. J'avais envie qu'ils soient fiers de moi. Durant mon adolescence, j'avais été un cancre, un bagarreur, j'avais tellement mis le bazar dans leur vie que je voulais leur dire : « Maintenant, grâce à ma notoriété, je vais pouvoir tout vous redonner. » Et ils n'en voulaient pas !

« On n'a besoin de rien », m'avaient-ils opposé sans que cela ne m'empêche de continuer à œuvrer dans ce sens.

Si l'on dispose d'une notoriété, il faut la partager le plus vite possible, sans quoi elle devient un véritable poison, voilà mon credo.

La notoriété m'a aussi beaucoup apporté. Très vite, j'ai essayé d'améliorer mon comportement envers les autres. J'étais un type assez replié sur lui-même, assez misanthrope, grâce à elle j'ai appris à être aimable et souriant avec tout le monde, à répondre aux bonjours dans la rue, non pas pour jouer au type affable et me faire bien voir, mais parce que je dois bien cela à ceux qui m'ont fait. Il n'y a rien d'extraordinaire dans ce que j'entreprends. Je n'opère pas les gens du cœur, je ne suis pas un héros de la médecine, j'ai fait ce que je croyais juste, pas plus. La notoriété, j'en ai fait un outil de bienveillance. Évidemment, ce n'est pas toujours facile à vivre. Lorsque vous voulez vous rendre dans un hôtel assez discrètement, lorsque vous faites vos courses, les gens vous reconnaissent. Mais c'est le prix à payer et ce prix consiste à s'ouvrir plus encore aux autres, à penser qu'on a de la chance, qu'on en a fait du chemin.

Les risques de la notoriété, je les ai vus. Celui de sa perte, d'abord. La mise en lumière est en général assez éphémère, lorsque à ceux qui avaient un peu perdu leur âme on retire le tabouret – la notoriété n'est qu'une modeste sellette –, la chute est douloureuse. J'aurais pu très mal vivre le fait qu'on me demande de quitter *Top Chef*. J'aurais pu dire : c'est scandaleux, ce n'est pas juste, pourquoi me faites-vous cela ? Il y avait ce risque de se croire cuisinier ultime. Non, j'ai pensé que c'était une vraie chance pour passer à autre chose. J'étais tenté par le journalisme, je voulais écrire un polar, tourner le documentaire *Passeport pour le crime : Tijuana* avec l'agence Capa pendant la guerre des cartels, j'ai pu le faire et c'était passionnant.

Croire que la notoriété constitue un projet est également un risque. C'est ce qui m'inquiète parfois avec des jeunes qui me disent : « Je veux faire de la télé. » Durant *Top Chef*, Christian Constant et moi les avertissions : « Si tu es venu montrer ta passion pour la cuisine, ça va être génial ; si tu es venu pour faire de la télé, ça va être compliqué. » Ces gamins sont nés avec l'image dans les yeux, l'image dans la poche, l'image partout. Ils veulent absolument faire de l'image. Je leur explique que la télévision est une boîte à lumière comme dans l'histoire de la photographie. *Clap*, ça s'allume, *clap*, ça s'éteint. Lorsque cela s'allume, qu'ils présentent leur projet, qui ils sont, c'est génial. Lorsque cela s'éteint, ils restent qui ils sont. Peut-être se rallumera-t-elle un jour, mais on ne sait pas quand. Si cette mise en lumière les a troublés au point de leur faire perdre leur âme, cela risque d'être très difficile pour eux.

Nous évoluons dans la société la plus narcissique qui soit : culte du corps, de la beauté, du paraître, culte du miroir… Je me souviens à cet égard d'une séance de maquillage avant une émission de télévision. J'étais installé et je vois arriver un jeune gamin accompagné de son coach vestimentaire et de sa propre maquilleuse. Il refusait la maquilleuse professionnelle du tournage. Ce gosse avait fait deux émissions de télé, un peu de téléréalité, et il s'y croyait ! On ne l'a jamais revu. Parce qu'il s'était inventé un monde qui n'était pas le sien. Ce qui compte n'est pas l'image cosmétique, mais qui nous sommes. Et là, il n'y a que nous pour le savoir.

J'ai une devise très simple : ne pas se battre contre l'inévitable. J'aurais été un bellâtre italien, tant mieux, cela aurait peut-être été génial, mais je n'aurais certainement pas pratiqué le métier que j'ai fait. Je prends un an tous les douze mois, comme tout un chacun, si s'ajoute une ride de plus, je ne vais pas en faire un drame ni me battre contre. J'ai croisé nombre d'individus qui n'assumaient pas ce qu'ils étaient au présent. Le risque : devenir hors-sol, ne plus avoir de racines, de repères et dès lors être balayé par tous les vents. Il faut savoir lâcher la main du passé pour conserver celle du présent, savoir qui l'on est, d'où l'on vient, ce qui nous a construit, les cicatrices du passé. Je me souviens de ces anciens acteurs comme Gabin ou Ventura restés eux-mêmes sans renier leurs racines. À un moment donné ils étaient acteurs, à un autre des hommes comme tout le monde.

Le risque du hors-sol, c'est de finir par se croire plus intelligent et plus beau, alors qu'en grattant le vernis, on s'aperçoit que l'on n'est ni plus grand ni plus beau que les autres, parfois juste différent à un moment donné. Le danger alors est de tomber amoureux de son image, une image qui va évoluer, c'est normal, seul le fond reste intact.

J'ai en tête un monsieur qui, parce que je passais à la télé, m'avait offert une montre dont je ne savais pas me servir. Jamais je n'ai eu aussi honte ! J'avais eu beau lui dire que je n'en portais pas, il était très gênant de refuser. J'ai donc pris la montre, je l'ai offerte à mes écoles, et il m'a remercié.

Ce risque du hors-sol, c'est celui qui m'inquiétait le plus, celui auquel j'ai particulièrement fait attention. J'ai adoré serrer la main d'un ouvrier d'une chaîne de montage de pâtisseries en gros volumes, j'étais heureux de manger à la cantine avec le staff et de saluer l'un ou l'autre. J'ai alors eu l'impression de partager la vie de mes parents.

Le prince n'est grand que parce qu'il descend de son cheval. J'ai parfois vu des gens qui se croyaient tout permis, qui faisaient payer leurs aigreurs, leur suffisance, au personnel. Et puis j'ai rencontré des grands, des gens bienveillants qui avaient compris et n'avaient pas besoin de jouer ce jeu.

Aujourd'hui, dans mon métier, le storytelling du chef est de mise. Il a été aventurier au long cours, cueilleur de poivre à Madagascar, dans tous les cas il doit délivrer une histoire. Les chefs de ma génération – je suis né en 1959 – devaient d'abord délivrer une cuisine. J'ai croisé de grands chefs, de vraies personnalités et rien chez eux n'était virtuel. Par leur seule présence, ils me transmettaient ce quelque chose qui m'a construit et m'a aidé à garder les pieds sur terre. Je pense notamment à Gérard Cagna, un de mes rôles modèles, que j'ai eu la chance de croiser. Lorsque je suis né, il avait dix-huit ans et travaillait chez *Maxim's*. Comme moi, il a été parachutiste. C'est un des rares cuisiniers sportifs que j'ai connus, pas un sportif de pacotille, un vrai.

Je ne crois pas en la notoriété, je crois aux rôles modèles. À ceux qui ont réussi en tant qu'acteur, en tant que cuisinier, en tant que joueur de foot, qui viennent des mêmes quartiers que moi et qui y retournent pour montrer que c'est possible, qu'il n'y a pas de raison de se croire limité par une origine sociale.

Demeure un risque spécifiquement contemporain : l'extrême rapidité de la naissance d'une notoriété. On fait deux émissions, c'est parti, puis, soudain, c'est un autre qui prend la place. On vous a épuisé sans vous laisser le temps d'élaborer ce que j'appelle la maturité utile. Un individu, cela se construit. Effectivement, on peut apprendre la cuisine en dix semaines et devenir un bon commis de cuisine. Mais le style nécessite une maturité, de l'instruction, de la patine. Peut-être le dis-je parce que j'ai maintenant soixante ans… mais la maturité est importante pour continuer à transmettre. Oui, à vingt ans, on peut tout réussir, on est immortel, c'est génial, mais à un moment donné ce que l'on apprend en observant, en vivant, en prenant des coups, cette connaissance permet de se reconstruire ou de bâtir un nouveau personnage aux paramètres différents. Les générations passées ont eu la chance d'avoir des rôles modèles beaucoup plus ancrés que ceux d'aujourd'hui. Pourtant, signe d'évolution, depuis environ deux ans, les marques ne démarchent plus des followers pour leur communication mais des gens compétents et j'en suis assez heureux, c'est bon signe. Il y a de la demande pour de vraies compétences, de vrais savoir-faire plutôt que pour des images indomptables, purement cosmétiques, qui n'utilisent que des éléments de langage. C'est aussi cela la magie du numérique et des réseaux sociaux. Il suffit de gratter pour savoir s'il y a du fond ou pas. Et lorsqu'il n'y en a pas, on passe à autre chose. Je suis assez fasciné par ces gamins qui décryptent cela à toute allure. Ils sont nés avec des caméras dans les yeux et deux cerveaux. Tout l'inverse de nous qui avons rencontré la maturité, la force, les convictions.

Une dame me dit un jour : « Je voulais faire de la politique, mais je n'ai pas été prise. Pourtant, je suis une spécialiste de… » Je lui ai répondu avec beaucoup d'amabilité : « Peut-être, mais il y a beaucoup de spécialités dans ce que vous faites et peu de convictions. » Il faut être sincère, montrer qu'on y croit, c'est ce qui survit à la notoriété. Les nouvelles générations se laissent de moins en moins leurrer par le marketing bidon, elles adhèrent de moins en moins à une notoriété qui repose sur des images fabriquées sur du papier glacé.

La notoriété ne croît que si elle est durable et utile aux autres. J'ai beaucoup d'admiration pour les gens qui ont duré, qui ont su évoluer avec le temps sans surfer sur les tendances. Ce sont des hommes ou des femmes qui traversent le temps en restant beaux, une femme jolie à vingt ans et qui l'est toujours à quarante, qui l'est encore à cinquante, un homme qui a su rester vrai, alors, oui, il a moins de cheveux, mais il dégage toujours quelque chose. Voilà ce qui me semble intéressant dans la notoriété.

O

Obsession

« M'extraire de ma condition sociale,
telle était mon obsession. »

J'ai eu une obsession. Apparue dès l'enfance, elle a perduré à l'adolescence, puisque je me souviens parfaitement de la phrase que je répétais alors à qui voulait l'entendre : « Je préférerais mourir que de ne pas m'en sortir. » M'extraire de ma condition sociale, telle était mon obsession. Je ressentais le besoin d'être libre, ne plus subir la promiscuité, ne plus dormir dans un clic-clac... Cette idée fixe occupait sans relâche le champ de ma pensée, elle aurait pu me rendre fou ou me conduire vers la petite délinquance si elle n'avait été corrigée, si je n'avais eu la chance de recevoir l'éducation plutôt saine, militante et combative de mes grands-parents et de ma mère. Cette obsession fut ma veilleuse, une veilleuse de vie d'abord puis de foi tant que j'ai cru au religieux, mais je ne suis pas resté longtemps attaché à cette idée. J'avais foi en moi, tant que j'étais vivant, j'avançais. Point.

J'ai passé ma toute petite enfance auprès de ma mère et de mes grands-parents, je n'ai connu mon père qu'à l'âge de trois ans, lors de son retour de la guerre d'Algérie. Comme il fallait que le couple se retrouve, j'allais chez mes aïeuls et n'ai véritablement vécu avec lui qu'à l'âge de treize ans. C'était un type formidable qui ne se plaignait jamais, qu'on entendait peu, et qui avait délégué à ma mère tous les pouvoirs. Il aimait le foot ; je n'en étais pas fan, mais il m'avait fait découvrir le judo. Il aimait les voitures ; j'aimais la moto. J'avais l'obsession de sortir de mon milieu, d'essayer de prouver que je pouvais y arriver tout seul ; ce n'était pas son cas. Ces divergences ont créé un décalage entre nous. Il considérait que son unique mission consistait à ramener sa paye, qu'un homme devait cette loyauté à sa famille. En cela, c'était un rôle modèle. Il était capable de travailler jour et nuit dans le but d'acheter une maison et d'arracher ma mère aux barres HLM. « On aura une maison et… », répétait-il. J'ai toujours la vision de cette femme heureuse avec cet homme qui l'avait sortie de l'Assistance publique, je pense qu'il l'aimait profondément, qu'il aurait été au bout du monde avec elle si elle avait piloté le projet. Ma mère avait fait des études, lui non, et elle a tout assumé, y compris les difficultés financières.

Mon père parlait peu. Ni le matin ni le soir je n'entendais le son de sa voix.

J'en parle avec beaucoup de pudeur, mais c'est une grande tristesse pour moi, certainement un traumatisme aussi, non pas de ne pas avoir bénéficié de la maison – j'étais parti vivre à l'étranger avant qu'ils ne l'aient –, mais d'être parti alors qu'il était malade et de ne pas l'avoir revu avant son décès parce qu'il refusait de m'apparaître dans l'état dans lequel il se trouvait. Comment imaginer que sa pathologie l'emporterait ? On ne se plaint jamais dans ma famille ; nul ne doit connaître nos faiblesses. On ne dit pas que l'on est malade et si l'on doit se soigner, on ne trahit pas l'intimité : personne ne le saura, on acceptera la mort lorsqu'elle se présentera, c'est ainsi. Les Japonais nomment *tatemae* ce contraste entre les véritables sentiments d'une personne et la conduite ou les opinions qu'elle manifeste en public. C'est exactement cela. J'ai vu mon père se blesser au travail, accepter des conditions de soin extrêmement dures sans jamais se lamenter, sans jamais dire « j'ai mal » ou « j'ai peur ». Jamais non plus il ne s'épanchait sur ses difficultés professionnelles. Il était techniquement extrêmement compétent, capable de réparer n'importe quel chauffage. Lorsque cela n'allait plus dans l'entreprise qui l'employait, il la quittait.

Tous m'ont transmis cette force de caractère qui m'a empêché de suivre le premier gourou qui traînait dans le quartier. Mon grand-père considérait la forme physique comme l'un des moteurs de la survie. Je ne devais pas craindre l'opposition à l'autre, parce que, physiquement, je pouvais en découdre. « Ne t'inquiète pas, il n'y a que la mort qui est irréversible », me répétait-il dès l'âge de quatre ou cinq ans. Maintenant, c'est devenu obsessionnel, je n'arrête pas de me dire : « Tant que tu n'es pas mort, tu avances ! »

Mon obsession s'est nourrie de ce que les Japonais appellent des *kodawaris*, des niveaux d'exigence personnelle auxquels l'individu adhère de manière immuable sans jamais les transgresser. Mon *kodawari* à moi, c'était l'idée que l'on pouvait tracer sa route, se fabriquer sa chance.

Aujourd'hui, j'ai conservé cette construction, mais mon obsession a évolué. Ce qui m'importe maintenant, c'est la transmission. J'essaie de partager l'idée que, lorsque l'on dispose d'un projet personnel, que l'on y croit, il faut accepter de vivre entre l'ordre et le désordre pour se donner les moyens d'atteindre son objectif. « Il n'y a pas de raison d'être assigné à quoi que ce soit. Ayez votre *kodawari* et ne venez pas me la jouer Cosette » : voilà ce que je professe aux jeunes que je forme. Je n'ai pas de temps pour l'apitoiement, c'est aussi la raison pour laquelle je n'ai adhéré ni au monde religieux ni au monde politique. S'installer dans une forme de compassion malsaine ne sert pas la personne qui s'épanche, elle sert la soupe à celui qu'on est censé aider. J'ai beaucoup d'admiration pour des personnalités comme Coluche, l'abbé Pierre ou mère Teresa, qui mettaient les individus face à leur responsabilité de vie.

Ma préoccupation est là. Il faut croire en soi, croire en son chemin de vie et ne succomber ni à la compassion ni à la tentation du « bouc émissaire » qui permettrait de penser que si l'on n'y arrive pas, c'est forcément la faute de l'autre. Évidemment, si l'on considère l'injustice sociale, il est plus simple d'adhérer à ce que je dis lorsque l'on est bien né, dans une bonne famille où l'on s'est construit dans ce sens même s'il peut y avoir des écueils, que lorsque l'on se croit incapable de s'extraire de son quartier.

D'après les derniers chiffres, il faudrait cinq ou six générations pour enrayer le déterminisme social, pour qu'une famille en bas de l'échelle des revenus se hisse au niveau moyen de son pays. Ce n'est plus acceptable.

P

Prisons

« C'est toujours parce que les individus ont un projet que leur vie s'améliore. »

Depuis plus de vingt ans que j'interviens régulièrement dans les prisons, l'univers de la détention ne me fait pas peur. La plupart des détenus sont des gens plutôt pragmatiques. Dans les zones de loisir, les conflits sont finalement assez rares. Leurs histoires, ils les règlent entre eux. Avec un diplôme d'éducateur en poche, j'ai travaillé dans divers centres de détention, par épisodes, arrêtant puis reprenant l'activité au gré des opportunités, un peu plus longuement à la prison centrale de Saint-Martin-de-Ré, qui accueille des détenus condamnés à de très longues peines.

Sans remettre en cause la peine et l'infraction, incarcérer un individu n'est pas sans conséquence. Certes, on le prive de liberté pour protéger la population et la République, mais si on ne crée pas de projet pour sa sortie, on l'expose à de multiples complications, comme la dégringolade physique et psychique d'année en année ou la violence née de la détention qui finit toujours par se retourner contre lui, parce qu'il ne voit pas d'issue autre que le suicide. Voilà tout ce qu'il faut éviter. J'ai vu des détenus libérés après quinze ou vingt ans d'incarcération, qui se croyaient encore mariés quand leur femme avait refait sa vie sans pour autant divorcer. Cette éventualité, nous devons les y préparer. Le temps tourne pour chacun. Qu'il soit issu de la petite ou de la grande délinquance, un détenu opérationnel à vingt ans ne l'est plus à quarante. Il n'existe plus pour personne, dans quelque domaine que ce soit.

Anticiper, voilà le maître mot. Comme j'ai pu le vérifier, c'est toujours parce que les individus ont un projet que leur vie s'améliore. C'est le projet à la journée, à la semaine, au mois qui fait relever la tête, qui permet de se reconstruire – y compris après la maladie ou l'incarcération. Un détenu ne doit jamais se croire définitivement à la merci d'une administration, il finit sinon par s'emmurer vivant.

C'est la volonté d'écouter les détenus et de partager mon expérience à travers des cours de cuisine qui m'ont convaincu d'ouvrir des centres de formation professionnelle en milieu fermé, ma recette pour la réinsertion. Depuis janvier 2012, j'enseigne la cuisine à la prison centrale de Poissy qui accueille 230 détenus condamnés à de longues peines, dont une cinquantaine à la réclusion à perpétuité. Il s'agit d'une formation de niveau bac professionnel restauration dont nous avons allongé la durée par rapport à nos autres écoles de cuisine pour l'ouvrir sur l'enseignement de l'histoire et l'apprentissage du français. Prévue au départ une fois par mois, elle se déroule un peu moins aujourd'hui en raison de difficultés multiples : vérins administratifs difficiles à déverrouiller, manque de moyens, contraintes pour le personnel, fragilité psychologique des détenus.

En 2018, nous avons ouvert la formation *Cuisine mode d'emploi(s)* à la maison d'arrêt des femmes de Fleury-Mérogis, le plus grand établissement pénitentiaire d'Europe, avant de déménager chez les hommes pour une série de trois formations. L'apprentissage de trois mois s'effectue en détention mais également en entreprise, dans un vrai restaurant, pendant trois semaines. Pour cela, les détenues doivent mériter un aménagement de peine leur permettant soit de rentrer dormir en cellule chaque soir, soit de porter un bracelet électronique. Sept heures par jour, les détenues sélectionnées sur leur motivation et leur projet d'avenir découvrent toutes les ficelles du métier. L'objectif : maîtriser 80 gestes culinaires et 90 recettes pour obtenir un Certificat de qualification professionnelle (CQP) reconnu par l'État.

Jusque-là, je n'avais jamais travaillé chez les femmes. Certaines détenues sont des étrangères, lourdement condamnées – entre dix à quinze ans – pour avoir fait les mules et qui, sans famille en France, sans maîtrise de la langue, vivent dans une extrême précarité. Que ce soit en milieu ouvert ou en milieu fermé, nous tenons à dire que leur passé ne nous intéresse pas : « Nous vous proposons de la compétence et de la connaissance, servez-vous, c'est gratuit ! »

Contrairement à ce que l'on pourrait imaginer, les femmes ne sont pas plus douées que les hommes pour la cuisine. Elles sont peut-être plus organisées, plus « rangées » que les garçons, certainement pour avoir été plus formatées à ces tâches dans leur enfance. Mais ce qui fait vraiment la différence, c'est la nécessité de rester en forme. Condamnés à de lourdes peines, les prisonniers finissent tous par faire très attention à ce qu'ils mangent. Diabète, cholestérol, pathologies liées au vieillissement : que l'on soit à l'extérieur ou en détention, ces affections touchent tout un chacun, sauf que, en prison, la visite du médecin n'est pas immédiate. Dès lors, autant contrôler son alimentation.

La grande majorité de nos apprentis décrochent un travail en sortant, car les besoins du secteur sont immenses : chaque année, des milliers de postes sont laissés vacants. Mais chaque fois que l'on parle de détention, on en revient au coût. Je ne suis pas de ceux qui demandent des réductions de peine, la peine est utile pour préparer une possibilité de réinsertion, mais ne pourrait-on justement pas y mettre les moyens ?

On critique toujours la France pour ses prisons, sa justice, sa police. Je suis allé voir ailleurs ce qu'il se fait de mieux et de moins bien. Avec l'agence Capa, nous avons tourné *Un chef en prison* dans les meilleures et les pires prisons européennes, une série de documentaires diffusés sur 13e Rue. Conditions de détention, politiques de réinsertion : en cinq films de cinquante-deux minutes, nous avons tenté de rendre compte de ce qu'organisaient nos partenaires italiens, belges, norvégiens, finlandais, et nous avons d'autres projets en Europe, notamment en Angleterre ou en Turquie. Aujourd'hui, je préfère tourner des documentaires ou des démonstrations de cuisine que des émissions comme *Top Chef*. Mais j'aimerais surtout faire une émission de télé live sur *Cuisine mode d'emploi(s)*, pour suivre les projets de celles et ceux qui y ont participé.

Q

Qualité

« La qualité, c'est la lumière sur le beau. »

S'il y a bien une expression que j'ai en horreur, c'est : *ça va le faire*. Comme si mon travail comptait si peu que ça ira bien comme ça. Que ça suffira. Non seulement on s'insulte en disant cela, mais on ouvre une porte au hasard de la médiocrité qui ne se refermera pas. Plus on s'installera dans cette posture, plus s'accumuleront les défaillances lourdes, pénalisantes, blessantes, jusqu'à ce que finalement les autres ne nous considèrent plus dignes de respect.

Ça va le faire, *ça ira*, *ça ira comme un lundi*… Toutes ces expressions signent un comportement. Le début de la fainéantise ; d'ailleurs, on s'avachit souvent pour les dire. Ce sont ces petites incisions que l'on s'autorise dans notre comportement qui laissent place à la petitesse, à la bassesse. C'est indécent. Parce que nous sommes des hommes libres de décider de ne pas céder de place au hasard qui n'est parfois rien d'autre que de la médiocrité. Alors, oui, *ça va le faire*, c'est bien le début de la médiocrité, la fin de la qualité.

Si l'on espère une vie dite de qualité, il faut tout mettre en œuvre pour la construire. C'est un chemin difficile, assez fragile, qui demande un travail très dur et qui ne laisse pas le hasard s'infiltrer. Dans la qualité d'une relation par exemple, qu'elle soit amicale ou professionnelle, il va falloir faire attention à tous les petits paramètres qui pourraient nuire au quotidien. C'est éviter le mot de trop, ne pas être grossier ou déplacé avec un collaborateur, marquer un peu de retenue pour répondre à une personne à qui l'on doit montrer du respect, prendre en compte les remarques des autres et ne pas chercher à répondre à tout prix. Ce sont des mécanismes qui abolissent le hasard parce qu'ils obligent à mettre du temps entre nos émotions et nos actions.

Lorsqu'on évoque la qualité d'un restaurant, le même mécanisme est en œuvre. Il y a d'abord la qualité des collaborateurs que l'on recrute et puis le soin qu'ils doivent porter à ce qu'ils font pour que les hôtes se sentent dans un établissement de qualité. C'est une spirale dynamique, une chaîne vertueuse.

La qualité est un moteur, mais elle est fragile. On s'agace, on s'énerve, les gens ne tiennent pas parole, ils nous mentent et nous acceptons d'être trahis : c'est fini. J'ai vécu cette situation, un collaborateur qui me mentait sur ses addictions. J'avais accepté de le prendre en lui précisant que j'étais au courant, que je ne gérerai pas ce problème, que je lui faisais confiance pour le résoudre. Et puis les choses ont mal tourné : « Tu m'as trompé là, c'est vrai ou c'est faux ? On est d'accord ? Alors, on va se quitter bons amis. » J'ai conservé ma posture de qualité, et lui a fait ce qu'il voulait.

Ce fonctionnement, je l'ai appris tant au sein de ma famille qu'au judo avec l'apprentissage de gestes répétitifs ou chez les Compagnons du devoir. Je me souviens avoir lu le carnet d'un Compagnon qui y avait inscrit cette réflexion : *Salaire honnête ou repos : du premier naît l'harmonie, du second naît l'anarchie*. Cet ouvrier d'élite déclarait que son travail valait quelque chose et que cela comptait énormément pour lui. C'était une preuve de qualité, comme de ne pas laisser un chantier sale en est une autre. C'est tout l'ADN de mon métier, l'ADN de ma vie. Rechercher la qualité d'une relation humaine, la qualité d'un travail et essayer de me corriger quand je sens que je laisse une porte ouverte à la médiocrité. J'ai un exemple récent de la difficulté d'y arriver. Je m'énerve avec un type dont j'ai accroché le vélo. Dans un premier temps, il fait mine de partir, puis il revient vers moi, vindicatif. Et là je m'entends lui dire : « Vous voulez qu'on se tape dessus ? » J'aurais dû m'excuser, tout bêtement, mais on se laisse vite gagner par le fil de la médiocrité… Rapidement, j'ai pensé qu'on allait se battre comme lorsque j'étais gamin dans les quartiers, et là, je me suis dit que ce n'était pas possible. Alors, gentleman, je lui ai demandé de bien vouloir m'excuser, que j'étais vraiment désolé, mais que je ne l'avais pas vu. Tout s'est immédiatement calmé. Et tout le monde en est sorti grandi.

Lorsque je réfléchis à la qualité d'un produit ou d'un plat, mes critères d'évaluation ne se satisfont pas uniquement du goût et de l'aspect organoleptique. D'où vient le produit, par qui a-t-il été fait, qui l'a transformé, pourquoi telle option a-t-elle été retenue ? Je regarde sa brillance, je hume son odeur. Je donne de la mémoire à de l'éphémère, c'est cela la qualité. Quoi de plus simple qu'un œuf mayonnaise ? Je choisis un œuf bio de Marans couleur chocolat, je le poche pendant dix minutes puis je le refroidis immédiatement. Je l'écale, le coupe en deux, l'ouvre et je le dispose sur une assiette pour qu'il refroidisse et atteigne la température ambiante. Pendant ce temps, je prépare une petite mayonnaise que je dépose sur l'œuf. Le plat ne vaut que 50 centimes et, si on le goûte, c'est un œuf parfait. Parce que mes gestes ont été des gestes de qualité.

La qualité, c'est la lumière sur le beau. On les remarque de loin, les gens de qualité. Leur phrasé, leurs vêtements, ce ne sont pas forcément les plus riches ni les plus beaux, mais, à cent pas, je suis capable de les reconnaître. Lorsqu'on se penche sur leur parcours, on s'aperçoit qu'ils n'ont pas laissé beaucoup de place à l'ostentation, au hasard, à la médiocrité du comportement, qu'ils sont finalement assez exemplaires : quand ils donnent leur parole, ils la tiennent ; quand ils disent oui ou non, ils savent expliquer pourquoi. Ce n'est ni une question d'argent, de moyens ou d'éducation, c'est une question de choix de vie. Ils ont fait le choix de la qualité.

C'est ce que j'essaie d'enseigner. De petites choses qui commencent déjà à table : ne pas accepter un mauvais café, ne pas accepter d'être grossier, ne pas accepter de se goinfrer mais de manger pour se restaurer et se faire du bien. En tant que manager et les faits étant les faits, si le revenu n'est pas là, je me dois de dire à mes collaborateurs que l'on court à la catastrophe, que nous devons analyser ce qu'il se passe, ensemble. Si j'ai à trancher une décision, je n'ai aucune raison d'être un bourreau. En définitive, je renvoie une image de moi assez positive, qui me ressemble et qui rassemble. Il est évident que si je considère que c'est la faute des autres, que les autres sont des abrutis et que j'avais l'idée mais que je ne l'ai pas mise en œuvre, là, je deviens un être médiocre. Le samouraï Miyamoto Musashi disait : « Rien d'impossible n'a une âme honnête » et il le traduisait de deux façons : rien d'impossible n'a une âme honnête ET rien d'impossible n'a une lame honnête. Parce que pour bien couper, pour avoir un geste pur et efficace, il faut engager le corps et l'esprit dans l'action, pas simplement l'outil que l'on tient dans la main.

La qualité s'enseigne. J'étais bon élève à l'école primaire et mauvais au collège, mais ce qui me plaisait, c'était l'apprentissage de l'écriture par la calligraphie. On nous apprenait alors à tracer des pleins et des déliés à la plume Sergent Major, cela n'a duré qu'une seule année me concernant, la mode n'était sûrement plus à la lenteur en termes éducationnels, mais je trouvais cette initiation magnifique, d'autant qu'elle nous enseignait la latéralité et qu'en prenant le temps d'écrire, on prenait le temps de retenir. D'ailleurs, aujourd'hui, énormément de personnes s'intéressent à la calligraphie japonaise !

R

Recette

« Ce qui compte dans une recette de cuisine,
c'est le geste – le tour de main... »

Il n'y a qu'une recette qui me plaise, celle du pain. Pour le reste, la recette n'a que peu d'incidence sur la cuisine et même pire, très précise, elle astreint à considérer que la cuisine est une pharmacopée, ce qui est faux. Ce qui compte dans une recette de cuisine, c'est le geste – le tour de main –, la cuisson, la saison, le temps nécessaire pour la réaliser. Avec cette grammaire, la base, on peut jouer avec les ingrédients comme on joue avec les mots, en les assemblant et en osant des combinaisons. Si je vous donne la recette du risotto à la milanaise, vous allez la refaire mais vous y mettrez d'autres ingrédients parce que celui-ci, vous ne l'avez pas, et pourquoi ne pas le remplacer par tel autre ? La cuisine est intrinsèquement évolutive, lorsqu'elle fige la créativité, la recette signe l'ignorance.

Une recette doit être un symbole de l'esprit de la cuisine et de ce qu'elle véhicule en termes d'image. C'est le cas de la recette du pain, le plus beau produit gastronomique planétaire selon moi, un symbole fort de la gastronomie, parce que, derrière lui, se cache un artisan qui respecte un certain nombre de principes. Petit, je humais avec délice l'odeur de cuisson du pain de mon voisin boulanger, Ganachaud. Intrigué, j'étais allé voir comment il faisait. J'ai compris qu'il y avait une saisonnalité dans la farine, pourquoi il travaillait sans levure, pourquoi ses pains avaient ce goût si particulier et, finalement, c'est ce qui m'a donné l'envie de travailler dans les métiers de l'alimentation.

Le pain, c'est de l'eau, de la farine et de la compétence. Il faut prendre une farine biologique sans intrants chimiques. J'aime particulièrement la farine de blé du moulin des Combrailles[1] en Auvergne mais aussi les farines de sarrasin, de seigle, toutes ces farines avec lesquelles on peut faire un pain d'une grande qualité en fabriquant sa propre levure. Pour cela, on concasse 500 grammes de pommes fruits que l'on dépose dans une boîte type Tupperware en y ajoutant 50 grammes de sucre et un demi-litre d'eau de source. On couvre et on laisse fermenter

1. Farine artisanale fine et légère à base des meilleures variétés de blé et de très grande qualité gustative et nutritionnelle.

cette préparation durant trois jours. Passé ce délai, on filtre les morceaux de pomme, on récupère l'eau fermentée, on y ajoute 0,5 litre d'eau de source et 1 kilo de farine pour faire une première pâte qu'on appelle un chef. On ajoute alors un autre kilo de farine et l'on pétrit la pâte en machine ou à la main pendant 10 à 12 minutes selon la vitesse. On rabat[2] ensuite la pâte, on façonne le pain puis on le laisse fermenter 13 heures à l'air libre (13 heures c'est un standard, c'est l'expérience, s'il fait très chaud dehors, 10 heures suffisent, s'il fait très froid, ce sera plutôt 13 heures). Une fois ce pain poussé, on le dépose dans un four préalablement chauffé à 250 degrés et on le cuit 25 à 30 minutes à chauffe tombante, c'est-à-dire en réduisant l'intensité du four à 220 degrés dès que la pâte a décollé. On obtient un très bon pain de campagne, très sain, qui se garde et dont la tenue lui permet d'absorber pratiquement tout. On peut ainsi le couper en tranches et garnir les tartines de ce que l'on veut : tomate, mozzarella, saint-nectaire, olives concassées et anchois frais, harengs, pommes à l'huile…

Voilà la recette que j'ai apprise à mes enfants, avec celle du couscous et de la pâte à crêpe. C'est facile à faire et ça plaît à tout le monde !

2. Replier une pâte sur elle-même en rabattant les bords à l'aide des mains.

S

Sociale et solidaire (Économie)

« La misère, la précarité,
la violence, je connaissais. »

Tout débute en 2005 avec la rencontre d'une journaliste de *Libé* venue m'interviewer. Comme d'habitude, je commence par débiter mon baratin de chef de cuisine : mes petites plantes, mes petits fournisseurs, mes petites techniques… Bref, le discours bien rodé des chefs français ! Et là, elle m'arrête :

« Je me fiche pas mal de tout ce que vous me dites, je n'écris pas pour la rubrique gastronomie : je fais la quatrième de couv du journal ! »

Déconcerté, je l'interroge :

« Pourquoi voulez-vous faire la quatrième de couv sur un type comme moi ? Un cuisinier, je ne vois pas bien qui cela peut intéresser… »

Elle tient à son papier et, manifestement, je n'ai rien compris.

« En effet, ce n'est pas le chef qui m'intéresse, mais son parcours. Comment un type des quartiers sensibles parvient-il à devenir un chef d'entreprise ? »

C'était parti. Moi qui ne m'épanchais pas pour m'être beaucoup menti à moi-même en me racontant une autre vie, pour la première fois, je me livre. Et elle titre : *Thierry Marx – Ceinture noire et cordon-bleu – L'anti-terroir*[1].

Évidemment, l'article déclenche tensions et malaises avec mes actionnaires de l'époque. Pourquoi ne leur avais-je jamais raconté tel ou tel événement de ma vie ? Pendant une quinzaine de jours, les réactions se multiplient sans pour autant affecter durablement nos relations. L'épisode oublié, tout rentre dans l'ordre. Jusqu'à l'année suivante. Là, je suis approché par une équipe d'*Envoyé spécial* pour réaliser mon portrait, un 52 minutes sur France 2. D'emblée, je dis non. J'en ai assez pris pour mon grade suite au papier de *Libé*, peut-être n'est-il pas opportun d'en rajouter… Et pourtant, en y réfléchissant plus longuement, je finis par accepter. En prévoyant de mesurer mes propos.

Durant six mois, une équipe de tournage m'accompagne dans tous mes faits et gestes, en

1. Article de Pascale Nivelle, paru dans *Libération* le 14 septembre 2005.

France, au Japon, et là, je me raconte vraiment : l'échec scolaire, le départ dans la vie, tout ce que je n'avais encore jamais révélé, inhibé par une pudeur qui témoignait du mode de fonctionnement de ma famille, de cet ADN transmis en héritage : ni paroles, ni plaintes, juste une devise : *Si tu as mal, c'est que tu es vivant, et si tu es vivant, avance, sinon tu es mort.* Et morts, ils le sont tous. J'ai assisté droit dans les yeux aux derniers soupirs de mes grands-parents ; celui de ma grand-mère, formidable dans la mort, et qui m'avait averti : « C'est fini, ce soir, j'arrête, je ne veux plus aller à l'hôpital, tu préviens tout le monde » ; celui de mon grand-père qui faisait les quatre cents coups jusqu'à quatre-vingt-huit ans et qui, après avoir chuté d'une échelle, m'avait annoncé à l'hôpital Tenon : « C'est fini, je connais mes blessures, je vais partir ce soir, ça va finir au cimetière. Et puis ils me donnent des médicaments dont je ne veux pas. » Deux heures plus tard, il était mort. Ma famille, c'étaient des gens ainsi. Je les ai beaucoup admirés dans la mort.

Lorsque le reportage d'*Envoyé spécial* est diffusé, je me demande comment j'ai bien pu en raconter autant. Maintenant, c'est fait, tu es à poil… Reste à te battre pour les gens comme toi, ai-je alors décidé.

Je me suis lancé. Si j'ai absolument tenu à travailler pour les Restos du cœur et le Secours populaire, si j'ai voulu créer des écoles d'insertion, c'est parce que ma chance à moi fut le levier de la formation professionnelle. Des gens qui m'ont fait confiance dans le cadre du sport, du métier, des armées. Quoi qu'il en soit, je suis toujours resté loyal envers mes origines, jamais je ne les ai reniées. Certains ne le comprennent pas, je leur explique que ce n'est pas moi qui ai trahi, qu'ils ne sont pas loyaux avec eux-mêmes, qu'ils ont abandonné leurs rêves. On voulait s'en sortir, il fallait s'en donner les moyens. Le luxe n'est pas une insulte à la misère, c'est une insulte à la médiocrité, et je ne voulais pas m'installer dans la médiocrité. Pour cela, je savais qu'à un moment donné je devrais devenir solitaire pour continuer à avancer sur ma route. Solitaire et solidaire. Une voix. J'ai fui tout ce qui pouvait me tirer vers le bas, les écosystèmes cosmétiques qui me passaient la brosse à reluire. Pour le reste, j'ai fait confiance à mon physique, non pas pour séduire, je n'ai pas le physique pour, mais pour sa présence qui m'a permis d'imposer le *si cela ne passe pas, cela passera quand même*. Parce que son milieu d'origine, on le paie à longueur de temps : on est celui à qui l'on ne prête pas d'argent, à qui l'on demande des cautions, qui n'est pas légitime à gagner telle ou telle compétition parce qu'on n'est pas « fils de » ou « élève de ». Il faut se préparer à cela. Je le dis aux gamins : « Ce qui te fera relever la tête, c'est ton projet, ton rêve. » Même lorsque je doutais et que mes yeux piquaient, j'allais me coucher en pensant au rêve d'épanouissement social que je ferais sûrement et qui me rendrait heureux. Évidemment, à soixante ans il est plus facile de poser des mots, d'étayer son discours et de mettre en œuvre une véritable stratégie quand, à vingt ans, je ne pensais qu'à en découdre !

Je suis allé à la rencontre de Julien Lauprêtre, le président du Secours populaire, et je lui ai proposé mon aide. Mais c'était compliqué. Je travaillais alors en province, il était à Paris… Bizarrement, c'est à ce moment-là que j'ai croisé la route de Véronique Colucci[2], une femme que j'ai adorée. Comme je ne me sentais pas légitime pour participer au concept des Enfoirés[3], elle m'a suggéré de m'investir aux Restos du cœur. Je travaillais déjà comme éducateur en milieu carcéral. La misère, la précarité, la violence, je connaissais.

J'ai aimé les Restos du cœur, j'y ai tissé des liens forts. Les gens m'aidaient en cuisine, certains étaient extrêmement doués, l'idée s'est alors imposée à moi comme une évidence : ce dont ils avaient besoin pour se reconstruire, c'était de faire. Faire pour apprendre ce qu'ils n'avaient jamais pu acquérir.

---

2. Présidente d'honneur et administratrice des Restos du cœur après la mort de son ex-époux Coluche dont elle avait divorcé en 1981.

3. Regroupement d'artistes et de personnalités publiques pour chanter au profit de l'association des Restos du cœur.

Faire comme levier de réinsertion et de ré-inclusion. J'ai alors proposé à Véronique d'organiser de la formation professionnelle pour les gens en situation de précarité. Et elle m'a répondu dans la foulée que je n'avais qu'à me lancer ! Elle était comme ça, Véronique : si tu le dis, tu le fais.

En 2012, nous avons monté notre première école *Cuisine Mode d'emploi(s)* dans des quartiers sensibles, qualifiés « Quartiers politiques de la ville », les QPV. Aujourd'hui nous sommes dans le XXe à Paris, à la porte de Montreuil, en Seine-Saint-Denis, à Grigny, Champigny-sur-Marne, Besançon, Marseille, Toulouse Le Mirail, à Nice et d'autres QPV encore. Le principe : proposer onze semaines de formation gratuite en cuisine aux personnes éloignées de l'emploi, avec à la clé un diplôme reconnu par l'État. Par la suite, nous avons élargi le concept à la boulangerie, aux métiers du service, aux métiers du sport et formons aujourd'hui 1 200 personnes par an.

Si j'ai mis en place tous les cadres éducationnels qui m'avaient personnellement servi pour me sortir du pétrin et développer une dynamique d'entrepreneur, ce n'est pas parce que je me sentais redevable de quoi que ce soit ; je n'avais pas à l'être. Je pensais simplement que l'explosion des inégalités sociales dans les quartiers n'était pas juste. J'avais tellement souffert du manque d'argent avec des découverts bancaires à répétition et des huissiers à ma porte, je ne comptais pas non plus le nombre de fois où ma carte avait été avalée par la machine : moi aussi j'aurais pu rester dans la cage d'escalier de mon HLM. Pour un type qui s'en sort, combien restent sur le carreau ? Nous connaissons tous l'implacable mécanisme du décrochage scolaire, qu'on l'ait vécu comme moi ou non. S'il n'existe pas de modèles positifs dans les quartiers, pas d'exemples de réussite, on s'approprie ceux qui sont à disposition, loin d'être toujours des modèles de vertu. Ce qui nous manque dans les quartiers, ce sont des Mbappé de tout, des Mbappé de la pâtisserie, de la cuisine, de la plomberie. En maternelle, la petite fille veut devenir maîtresse d'école puis au collège, si elle rencontre un ingénieur, elle aspire à l'être également. Mais confrontée à une caissière de supermarché qui ne peut lui transmettre l'ambition qu'elle mérite, elle ne peut s'épanouir et s'installe alors dans la revanche, la victimisation.

J'avais besoin de me rassurer, de me dire que je pouvais peut-être jouer ce rôle modèle qui expliquerait que la clé de la réussite n'est pas une question d'argent mais de projet, et que l'argent n'est pas un projet. Je ne trouve pas juste que mes parents se soient sentis humiliés par un système économique qu'ils ne comprenaient pas, alors qu'ils n'étaient pas plus bêtes que d'autres. Personne sur cette planète n'est né pour s'installer dans l'échec, parce que l'échec n'existe pas. C'est un leurre au même titre que la chance en est un.

L'évolution de mon parcours s'inscrit dans cette dynamique. Aujourd'hui, nous sommes capables de mesurer l'impact social et environnemental de toutes les entreprises que je monte. Parce que considérer que, oui, on peut faire des hommes libres et produire de la richesse en restant assez équitables : voilà ce qui m'anime !

En Seine-Saint-Denis, nous avons formé plus de 1 700 personnes en situation de précarité avec un taux de retour à l'emploi de 95 % ; 70 entreprises ont vu le jour. C'est une réussite parce que nous mettons chacun en face de ses responsabilités, y compris le candidat. Les gens arrivent avec leurs misères, leurs histoires, parfois un début de réussite réduit à néant en raison d'un divorce, d'une faillite… Quelquefois, ces personnes ont toujours connu la précarité, l'alcoolisme, la toxicomanie, la délinquance. Nous les rassemblons par petits groupes de 8 et nous nous mettons d'accord : « On va être francs, votre passé ne nous intéresse pas. Chacun le sien. La formation est gratuite, mais nous avons une monnaie d'échange, le RER : Rigueur, Engagement, Régularité. La rigueur, ce n'est pas la rigueur à la française avec le petit doigt sur la couture du pantalon. C'est la rigueur à la japonaise, le *shizuka*. Le *shizuka*, c'est un projet, un engagement. Il nécessite de lâcher la main du passé. Imaginez-vous tracter en permanence votre famille, vos histoires de vie, vos misères, vos déceptions amoureuses ? C'est ce que vous faites avec votre passé. Le passé est passé, il faut le lâcher. Quant à la régularité, elle est essentielle : pas d'absences et pas de retards pendant douze semaines. »

Ces modalités de fonctionnement, c'est le ticket d'entrée. Ils le signent tous les jours : *ticket for change*. Nous comptabilisons 13 % d'échecs dus à l'insuffisance de culture générale. C'est très peu, mais encore trop. Pour tenter d'y remédier, nous sommes en cours de création de sas de pré-préparation à la formation.

Je le remarque fréquemment : les gamins se présentent dans nos écoles la tête haute, ils disent « Je voudrais… », puis rapidement ils baissent les yeux et ajoutent : « … un CAP ». Alors, je leur explique : « Un CAP, c'est un bout de papier signé par quelqu'un. Cela ne veut pas dire "employabilité". Ce qui m'intéresse, c'est pourquoi tu veux un CAP. Raconte-moi l'histoire qui va derrière. Est-ce que tu veux devenir patron ? Avoir ton restaurant ? Devenir un chef connu ? Enfin, c'est quoi ton rêve ? C'est le rêve qui m'intéresse. » Là, ils reprennent une posture de tête bien droite. Très souvent, je dois les détromper :

« Eh bien, non, tu n'es pas prêt.

— Mais si…

— Mais non, regarde : tu fais un pas, tu recules de deux. Un coup tu veux, un coup tu ne veux pas, ça va être compliqué. »

Le langage du corps les trahit.

Pour les très jeunes, nous passons par le prisme du sport pour qu'ils prennent conscience que leur physique compte, qu'il n'est jamais minable – nous nous arrangeons pour qu'en aucun cas ils ne se croient nuls. *Passeport pour l'emploi* est lié à *Cuisine Mode d'emploi(s)* mais c'est une entité à part. Elle est dirigée par Benoît Compargue[4], un judoka ancien champion olympique, ce qui en termes d'image s'avère très bénéfique.

Nous avons également lancé *Media Social Food*, une formation gratuite en images culinaires pour créer du contenu sur les réseaux sociaux avec, pour seul outil de captation, le téléphone portable. Elle s'adresse à de jeunes adultes non diplômés, éloignés du système scolaire.

Tout cela, c'est de l'économie sociale ; je travaille d'ailleurs beaucoup avec une personne géniale, le président du groupe *SOS*. Mais devoir encore aujourd'hui préciser *sociale et solidaire*, n'est-ce pas une gageure ? Si l'économie ne devient pas plus sociale, nous allons tous nous entre-tuer. Vous pouvez détenir des milliards de dollars aux

4. Membre de l'équipe de France évoluant dans la catégorie des 65 kilos, il devient champion d'Europe et participe aux Jeux olympiques de Barcelone en 1992.

Caïmans, si la planète est devenue partout invivable, vous finirez dans un bunker ! C'est, me semble-t-il, ce que le monde économique a fini par comprendre.

En matière d'écologie, tant que nous n'avons pas peur, nous ne faisons rien. La magie de l'être humain, c'est sa peur de la mort. Comme il veut reculer l'échéance le plus possible, à un moment donné il se rend compte qu'il doit faire quelque chose. Dans notre laboratoire de recherche[5] de l'université d'Orsay, c'est un véritable cerveau collectif, composé de nombreux scientifiques, des chercheurs comme Gilles Bœuf[6] ou Raphaël Haumont[7], qui travaille en collaboration avec nous sur les questions d'écologie. Clairement, nous nous posons la question de notre implication dans l'écologie, non en termes de culture de petits poireaux comme certains, mais d'impact positif sur l'environnement. La population mondiale devrait atteindre 9,8 milliards en 2050 selon l'ONU. Que nous manquera-t-il alors ? De l'eau ! Or, la réalité c'est qu'il faut 150 000 litres d'eau pour faire un bœuf de quatre ans et qu'en mangeant un steak de

5. Laboratoire de l'innovation culinaire créé en 2013 à l'université Paris-Sud (Orsay).

6. Biologiste français, professeur à l'université Pierre-et-Marie-Curie.

7. Chercheur en physico-chimie des matériaux, maître de conférences à l'université Paris-Sud, il y dirige la chaire universitaire « Cuisine du futur », et a créé avec Thierry Marx le Centre français d'innovation culinaire.

250 grammes par repas, soit 500 grammes par jour, on utilise 10 000 litres d'eau environ. Il faut arrêter. Aujourd'hui, si l'on veut s'engager en tant que restaurateur et avoir une incidence sur la diminution de la production de protéines animales en France et dans le monde, nos restaurants doivent devenir flexitariens : 80 % de végétal, 20 % de protéines animales.

Seul le citoyen peut influencer l'écologie, et il en est de même pour l'économie. Apple, Microsoft, Walmart, bien d'autres entreprises encore contrôlent d'importantes fondations qui accompagnent les organisations dans l'élaboration de nouvelles approches à vocation écologique, philanthropique, sociale, sanitaire, éducative, scientifique et même sportive. Toutes savent qu'elles ne peuvent plus implanter n'importe quoi là où les gens ne sont pas instruits. Parce que les individus ignorants ne sont pas des hommes libres mais des hommes tributaires de la pensée d'un autre, le premier gourou qui passe. C'est la porte ouverte à tous les populismes, à tous les boucs émissaires – c'est la faute du Juif, de l'Arabe, du migrant, des riches… – et c'est le principal danger pour la démocratie.

Pour les tenants de l'instruction dont nous sommes, transmettre des savoirs par le faire : tel est le prisme de notre engagement. On parle de « faire de la cuisine ». Derrière ce faire, il y a toujours une histoire, un produit, un producteur, une géographie, etc. Oui, nous pouvons instruire les gens autrement. Pour des gens en situation de précarité ou en grande difficulté sociale, la formation professionnelle demeure un formidable levier.

T

Temps

« Une richesse précieuse, à protéger. »

Je crois avoir toujours fait attention au temps, toujours pensé qu'à l'instar du sang qui circule dans mes veines, son écoulement me nourrissait, qu'il constituait par conséquent une richesse précieuse, à protéger.

J'ai toujours eu en détestation le temps qui passe, celui de l'inactivité, de l'ennui. J'aime cette sensation de jouir du temps en l'utilisant à bon escient, le sentir glisser en moi tandis que je savoure le bonheur présent d'un enrichissement personnel, qu'il soit intellectuel, spirituel ou même physique. Peut-être est-ce la raison pour laquelle je ne peux supporter ceux qui tirent des chèques en blanc sur mon temps, ces réunions aux retards permanents et qui n'en finissent pas, où l'on se résout à dessiner sur un coin de table en attendant que ça passe !

En tout état de cause, je considère comme indécent de voler à quiconque ce temps que l'on ne pourra jamais lui rendre.

J'avais un employeur au Japon que je connaissais depuis une dizaine d'années et qui m'avait demandé, lorsque nous nous étions quittés, quel souvenir j'allais conserver de lui. Je lui avais répondu que, plutôt que sa ponctualité, ce serait le fait qu'il était toujours en avance aux rendez-vous. Il m'avait éclairé sur son comportement : « Oui, je suis toujours en avance parce que si je n'amène jamais de cadeaux à mes hôtes, je leur offre du temps. » S'il commençait une réunion dix minutes plus tôt que prévu, il la terminait dix minutes plus tôt également. C'était très agréable et c'est ce que je tente de mettre en œuvre : bannir les retards et essayer d'arriver toujours un peu en avance pour avoir du temps.

La vie est une traînée de poudre. À vingt ans, on se sent immortel et l'on imagine que cela va continuer ainsi sans se rendre compte que le temps passe très vite et qu'il n'est pas inépuisable. Je vis mal le fait que l'on me fasse perdre mon temps. Que je me sois trompé d'interlocuteur n'est pas tragique, je n'ai pas l'outrecuidance de croire que quelqu'un pourrait me faire perdre du temps parce qu'il ne serait pas intéressant. Non, ce que je supporte mal, c'est la personne qui me donne un rendez-vous et qui ne vient pas ou qui annule, celle qui est en retard ou qui va mal utiliser le temps que je lui consacre : nous perdons du temps tous les deux et ce temps n'est pas un crédit illimité. Du coup, je fais très attention à éviter de le dilapider. Je pars de chez moi très tôt, dès 6 heures du matin, je dispose ainsi de beaucoup de décontraction pour flâner dans les rues ou faire du sport sans stress excessif. Le soir, je rentre suffisamment tard pour rester hors du temps et échapper aux heures de pointe et à la foule. Je ne pars pas en vacances en même temps que tout le monde, j'évite au maximum les embouteillages en roulant à moto, mais si je me retrouve coincé dans les bouchons, j'essaie de surmonter l'agacement en écoutant de la bonne musique. Rester positif, toujours.

U

Urticaire

« Ce qui me donne de l'urticaire,
c'est la théorie du bouc émissaire. »

Ce qui me pique, ce qui m'horripile, ce qui me met le plus en colère et me donne de l'urticaire, c'est la théorie du bouc émissaire. Je ne supporte pas cette capacité de l'être humain à chercher la responsabilité chez les autres et jamais en soi, à ne pas assumer. Chaque fois que notre société est en état de crise, qu'elle doute d'elle-même, cette stratégie d'accusation domine : c'est toujours la faute du système, des migrants, des Juifs, des riches, des pauvres, des chômeurs… Pour éviter de se regarder en face, on préfère croire que les gens sont d'origine coupable. C'est navrant, indécent, d'une médiocrité insupportable et cela ralentit la société.

Le bouc émissaire, c'est la tête de Turc sur laquelle on va se défouler plutôt que de chercher des solutions. Mais pourquoi ai-je besoin d'accuser l'autre ? Pour avoir raison ? Parce que le fait de me tromper risque de révéler ma propre personnalité, ma propre médiocrité... ? C'est terrifiant. C'est la raison pour laquelle je ne suis pas fan des psys et de la responsabilité qu'ils imputent aux rapports familiaux. Je préfère me référer à Miyamoto Musashi[1] qui disait : « Le jour où tu coupes le cordon, tu deviens un homme libre. » Au Japon, on prend ses responsabilités, on ne rejette pas la faute sur les autres – il y a cependant d'autres méthodes pas forcément très sympathiques...

J'ai beaucoup travaillé sur cette question du bouc émissaire. Comme tout un chacun, j'ai eu envie à certaines périodes de ma vie d'affirmer que le système n'avait pas été sympathique avec moi. Et puis, un jour, quelqu'un m'a dit : « Combien vous gagnez ? Mais vous ne faites pas la manche ! » Ce système n'était pas acceptable, mais j'avais repéré la faille, ce n'était pas si mal. Trouver la solution est certes plus difficile mais plus efficace pour stopper les crises d'urticaire. Il faudrait en passer par là. On verrait ainsi des Gilets jaunes s'installer autour d'une table pour débattre sans dérapage, sans que le discours se délite autour de responsabilités supposées, de rôles préétablis, le riche étant forcément le salaud et le pauvre, le gentil.

1. Voir note 10, p. 105.

Dans mes entreprises, j'ai trouvé une parade à la stratégie du bouc émissaire : l'erreur n'existe plus, seules les opportunités demeurent. Lorsque se produit ce que nous les Occidentaux appelons une erreur, on en fait une analyse causale : que s'est-il passé ? Puis on réfléchit à ce que l'on va mettre en place pour améliorer notre service client. Bien que je sois tenté de le faire – je ne me considère pas comme un être supérieur –, je m'interdis de demander le nom de la personne qui a commis la bêtise. Je m'en fiche, parce que c'est probablement ma faute. C'est moi qui ai choisi et validé son poste, qui l'ai mise au mauvais endroit au mauvais moment. J'ai une part de responsabilité dans l'affaire. Je peux avoir à trancher une décision, mais je n'ai pas envie d'être un bourreau et de regarder un gamin se faire découper par le comité de direction parce qu'il a fait une bêtise ou qu'il a couvert celles de ses collègues. Ce que je préfère, c'est que la personne me rapporte ce qu'il s'est passé et que nous recherchions comment ensemble nous pourrions pallier l'erreur et améliorer le dispositif. C'est cette organisation qui m'a fait grandir en termes de manager, qui a fait se développer l'entreprise en dix ans. Nous sommes tous impliqués collectivement dans les décisions que nous prenons et nous sommes tous les victimes de nos choix. Comme sur un bateau. C'est ce que j'ai essayé d'enseigner à mes collaborateurs : « Un capitaine de bateau, lorsqu'il prend une décision, lorsqu'il choisit une route, il l'assume doublement. S'il se trompe, lui aussi sera pris dans l'échec. Arrêtez donc de croire qu'il y a des gens ou des quartiers faits pour l'échec, arrêtez de croire à la stratégie du bouc émissaire. Il y a peut-être une part de responsabilité chez chacun d'entre nous. On ne va pas passer du temps à chercher les coupables mais à chercher des solutions. »

L'origine coupable, la stratégie du bouc émissaire, c'est ce qui me déçoit le plus dans l'être humain. Si j'ai soutenu Emmanuel Macron, si je le soutiens encore, c'est parce qu'il est arrivé sans cicatrice politique – maintenant il en a – et qu'il n'adhérait pas à la stratégie du bouc émissaire. Le plus important, c'est de réparer. J'aimerais arriver à œuvrer dans ce sens managérial.

V

Voyage

« Ce que je n'ai pas appris à l'école,
je l'ai appris par le voyage. »

Traverser la rue fut le premier de mes voyages, le début de l'expérience du monde. Il fallait être autonome très tôt dans ma famille, surtout en tant que garçon. Mon père étant militaire, je vivais seul avec ma mère qui travaillait. Dès l'âge de cinq ou six ans, nous quittions l'appartement ensemble au petit matin et je me rendais seul chez mes grands-parents, au 140 de la rue de Ménilmontant, à environ trente minutes à pied de chez nous. C'est mon grand-père qui m'avait appris à rester sur le même trottoir le plus longtemps possible, à regarder à droite et à gauche avant de traverser pour ne pas me faire renverser par un véhicule. Il se cachait derrière les voitures pour vérifier que je ne me trompais pas, puis il me rattrapait.

À l'adolescence, je n'ai eu de cesse que de vouloir voyager. Avec mon père, je me souviens être resté des heures à l'aéroport d'Orly planté là à regarder les avions décoller, à scruter les tableaux de destinations en pensant qu'il fallait que je parte, que la France n'était pas faite pour moi. Mon premier livre, j'avais mis des mois à le lire, couché dans le canapé convertible de mes grands-parents – j'ai horreur des canapés convertibles –, cela me paraissait une tannée, mais j'avais finalement été conquis par le roman de Jack London, *L'Appel de la forêt*, et ses aventures humaine et canine extraordinaires, ce chien arraché à sa vie tranquille pour un monde où la violence était de règle. À quinze ans, je rêvais de quitter ce pays, de m'embarquer sur un cargo. En juillet, j'ai acheté un billet à la gare d'Austerlitz, sac à dos j'ai pris le train des migrants pour le Portugal via l'Espagne et je me suis retrouvé à Lisbonne, sans parler la langue, à la recherche du plus bel endroit de la ville. Au port, j'ai tenté d'embarquer pour le Zaïre, mais on ne m'a pas accepté. C'était mon premier voyage seul. Je me souviens encore de la couleur de mon passeport, il était bleu, et même si je n'avais pas envie de fuir mes parents ou ma famille, l'esprit de la fugue m'animait. J'aspirais à un voyage aventureux, à la limite du dangereux, à la façon des expéditions militaires que me dépeignait ma famille. Mon grand-père, mon père, mon oncle ne racontaient jamais la guerre, jamais l'armée, ils n'évoquaient ni la hiérarchie ni les combats, ils relataient leurs voyages : le Sahara découvert avec la guerre d'Algérie ; l'Indochine avec la guerre éponyme ; le cap Saint-Jacques à Saigon ; la RC4, la mythique route coloniale 4[1] qui traversait le Tonkin en longeant la frontière chinoise ; les paysages ; les femmes ; ce qu'ils mangeaient, le bateau qui les avait ramenés à Marseille... Les yeux écarquillés, j'écoutais mon oncle chanter en se rasant le matin « J'étais un soldat de marine. J'venais d'm'engager pour cinq ans. J'avais vingt ans, belle poitrine... », une des chansons fétiches de l'Infanterie coloniale française, « Marie-Dominique[2] ». Sans l'avoir vraiment voulu, il s'était marié avec une « indigène », comme on disait à l'époque, et ils avaient eu un enfant.

J'ai quitté Lisbonne pour l'Algarve, je voulais voir la mer. J'ai dormi sur la plage, mon plus beau souvenir, puis sans argent et quasiment sans billet pour traverser l'Espagne, alors que sévissait encore la police de Franco, je suis rentré en France fin août, avec les migrants. J'avais l'impression d'avoir vécu une aventure extraordinaire. Ce n'était pas

1. Voir note 4, p. 84.

2. Chant du célèbre poète, romancier et scénariste Pierre Mac Orlan (1883-1970) qui avait servi dans les troupes de marine et rendait ainsi hommage à son ancien corps et aux soldats combattant alors en Indochine.

l'Amazonie, ce fut pourtant une expérience extrêmement forte qui a nourri ma vie. Il y a comme cela des images qui frappent, des histoires qui marquent.

J'ai découvert la France avec les Compagnons du devoir. Souvent je m'échappais, je prenais ce que l'on appelait des michelines pour aller en province, entre Montauban et Toulouse. J'ai traversé la France profonde et j'ai adoré l'ambiance de ces voyages, même si j'ai vraiment souffert de dormir dans les gares, dans les couloirs de train, dans cette odeur de Gitane maïs, de Gauloise, de couverture SNCF, le froid, le chaud... C'était une forme de voyage excitante, tout comme avec l'armée où j'ai découvert des pays, Chypre d'abord où nous débarquions avant de nous rendre à Beyrouth, puis l'Afrique et le Tchad notamment. Ensuite, j'ai voyagé pour manger, pour travailler : Asie du Sud-Est, Singapour, Japon, États-Unis, Amazonie. À moto sur de vieilles Minsk russes ou encore à pied, dormant chez l'habitant, j'ai découvert à la *roots* des pays où l'on ne croisait encore aucun touriste, le Myanmar et sa jungle à l'époque où il s'appelait encore la Birmanie, le Vietnam, le Laos, le Cambodge, ce pays d'Asie du Sud-Est qui m'a le plus dépaysé. J'ai bourlingué en Thaïlande où un orchestre remplaçait l'autoradio dans des bus qui se tiraient la bourre et se doublaient dans des conditions inimaginables pour arriver les premiers aux arrêts et faire monter le plus de clients. J'ai parcouru également le Népal, le Pakistan, l'Afghanistan… Mais c'est vraiment l'Asie du Sud-Est qui, dans les années 1980 et 1990, m'a procuré le plus d'émotions.

Longtemps après l'armée, j'ai eu besoin de retrouver l'adrénaline qui me confortait dans le fait que j'étais toujours vivant. Il me fallait être seul pour me sentir capable de sortir du bourbier, de refuser le déterminisme social et m'affranchir d'un destin programmé. Je ne voulais pas vivre ce qu'avaient vécu mes parents, les coupures d'électricité tous les quinze du mois, les huissiers tous les quatre matins, la tête et l'échine basses pour demander au banquier une autorisation de découvert. J'ai pris des risques, c'est certain, j'en ai même fait prendre à une de mes compagnes qui s'est fait arrêter en Birmanie. Ce n'était pas *safe* à cette époque, où seuls les routards se rendaient en Thaïlande. Pour passer en Birmanie en train, on achetait de fausses cartes de presse et de faux visas. Évidemment, beaucoup se faisaient dénoncer à la police par ceux-là mêmes qui organisaient le filon… Mais le pays était magique, dirigé certes par une junte militaire, mais qui n'a pas vogué sur le lac Inle n'a rien vu. La lumière, les buffles d'eau, la proximité avec la vraie vie du pays, c'était juste époustouflant. Rien à voir avec ce boulevard d'aujourd'hui où les gens font leur trek en jouant à l'aventurier…

Pour 500 ou 600 euros, j'ai connu l'embarquement sur des porte-conteneurs et j'ai aimé. C'était très bien organisé : on s'inscrivait pour un départ, une cabine nous était dédiée puis on faisait la connaissance d'un équipage toujours sympathique. Pour moi qui ne suis pas un marin-né, me retrouver au détroit de Béring, à la séparation entre l'Amérique du Nord et la Sibérie, fut une aventure très forte. Même par gros temps, je n'ai jamais été malade, la sensation de malaise que je pouvais ressentir se transformait en une somnolence bienvenue qui me coupait de tout. Il est assez anxiogène de penser qu'un élément peut avoir notre peau, mais on s'y fait, on apprend à repérer ce qu'il faut faire et ne pas faire, on peut même ressentir une certaine forme d'excitation. Je me souviens du débarquement lors de mon dernier voyage en cargo. On se rasait, on se faisait propre puis on guettait fébriles sur le *gangway*, la passerelle de débarquement au port, la navette à moteur qui nous déposerait sur la terre ferme. Certains avaient passé trois, quatre mois sans mettre un pied à terre et attendaient impatiemment ce que vulgairement on appelle « faire sauter l'amorce ». Ils allaient dépenser leur solde. D'autres, des cinquantenaires qui avaient tout perdu dans l'errance, ne cherchaient même plus l'aventure, ou alors la dernière : un cadre, une façon de vivre. Pour embarquer, ils n'avaient qu'à fournir leur passeport, on leur donnait une tenue et ils partaient. Bien souvent, ils étaient installés en Asie du Sud-Est avec une petite famille qu'ils ne visitaient pas souvent. Le voyage nous porte souvent au-delà de notre zone de confort.

C'est la volonté de larguer les amarres de cette société qui m'a conduit au voyage. Et puis d'imaginer que l'herbe était plus verte ailleurs ! Mon premier départ pour l'Australie, c'était avec l'idée de trouver un eldorado. J'étais déjà marié, j'avais passé mon baccalauréat en candidat libre et je n'ai pas tourné la tête. J'ai dit à ma compagne que j'allais voir comment le pays fonctionnait, qu'elle me rejoindrait ensuite. J'ai pris un avion en éco avec une escale à Singapour, où j'ai dormi dans l'aéroport, et je me suis installé à Sydney, dans une petite chambre au recoin d'un dortoir d'une Salvation Army avec douches en commun et grande bibliothèque, en anglais bien sûr. Pour téléphoner, j'allais dans une cabine qui avalait les pièces à la vitesse grand V, souvent les portes restaient ouvertes, tout le monde entendait la conversation. J'ai repris mon métier de boulanger-pâtissier dans un grand hôtel puis j'ai travaillé en cuisine et dirigé une équipe au service des banquets. C'est là que j'ai découvert ce métier qui me plaisait suffisamment pour me donner l'envie de revenir en France et de passer mon CAP.

Je suis resté à Sydney une année. Ce qui m'étonnait, c'était d'être obligé de parler une langue nouvelle pour me faire comprendre. J'étais anxieux pour le logement que je devais payer chaque semaine, j'étais anxieux pour le job qui ne me rapportait pas assez, il était compliqué d'avoir de l'eau et simplement d'être un immigré. On ne sait pas ce que c'est que d'être immigré, l'anxiété que le contexte génère. Il faut une vraie force mentale pour le supporter. Si intellectuellement ce voyage m'a énormément apporté, financièrement la situation n'était pas tenable.

Je suis rentré en France et là, on m'avait oublié. Il me fallait refaire une carte de Sécurité sociale, les impôts ne m'envoyaient plus le moindre document et exigeaient que je déclare ce que j'avais gagné en Australie. Il m'a fallu recréer une histoire, on ne largue pas les amarres d'un battement de cils…

Ce que je n'ai pas appris à l'école, je l'ai appris par le voyage. Je l'ai fait pour apprendre. Le voyage a nourri mon imaginaire, ma créativité, c'est une vraie richesse. J'ai encore dans la tête et dans le corps le souvenir des personnes avec lesquelles j'ai partagé des repas, la mémoire d'un tas de produits que je garde de réserve, de plats dessinés sur le moment, imaginés à partir d'ingrédients locaux. J'aime tout dans le voyage : la préparation de mon sac – même si je voyage léger –, l'excitation que me procurent un aéroport, une gare, une destination, la légèreté d'un périple sans but précis, l'expédition *roots* un peu dangereuse, l'hôtel de luxe chargé d'histoire… Je me suis toujours donné ce temps de la liberté et aujourd'hui encore, je suis capable de partir plusieurs semaines sans que cela ne me pose aucun problème. Cette adrénaline, je la retrouve dans la randonnée à cheval. C'est vraiment nouveau pour moi, j'en rêvais, mais j'avais l'impression que c'était réservé à des gens extrêmement riches. Eh bien, non. Je suis un piètre cavalier, mais, au moins, je suis seul. On ne rencontre personne à cheval si ce n'est quelques rares cavaliers. On vit avec sa monture, on apprend à s'occuper d'elle, à respecter son rythme, le rythme du bivouac, à faire fi d'un confort cosmétique. À cheval, j'ai fait le Yukon au nord du Canada, la route de Jack London. Le cheval ouvre des horizons, des possibilités de voyage encore un peu hors normes. J'ai beaucoup de difficultés à trouver des treks non organisés par des tour-opérateurs, ce que j'ai toujours fui. J'aimerais descendre le fleuve Amazonie, traverser la cordillère des Andes, mais tout devient bétonné…

Le risque dans nos sociétés, surtout lorsqu'on commence à gagner sa vie, c'est de se retrouver déconnecté du monde réel. Ne plus pouvoir se laver, boire ou manger comme d'habitude, permet de se recentrer sur des choses simples. Je participe encore à des courses d'orientation avec l'armée ou d'anciens militaires, pour apprendre à tracer mon chemin à la boussole parce que, malgré le GPS, lorsqu'on est seuls dans la campagne, nous ne sommes plus grand-chose. J'adore ne pas être dépendant d'un réseau et donc d'une société de consommation. Lorsque je rentre d'un voyage, je me dis : « Waouh… Est-ce que tu as besoin de tout ça ? Est-ce que tu as besoin de toutes ces fringues, de toutes ces paires de chaussures, de cette dizaine de pantalons et de vestes ? » Non, je ne crois pas. J'ai eu la tentation d'acquérir de luxueuses voitures, des costumes parfaits. Je me souviens de missions où certains de mes confrères ne pouvaient s'empêcher d'étaler leur réussite, de montrer leur veste taillée chez un couturier, leur montre d'une grande marque. La panoplie du chef qui a réussi avec la Porsche qui va bien. Là, je me suis dit : « Tu ne vas pas tomber là-dedans, ce n'est pas possible. » En me regardant dans une glace, j'ai bien compris que même avec le plus beau des costumes, j'aurais toujours la même gueule, le même look. Qu'un blouson en cuir et un pantalon en jean feraient l'affaire. Il est très agréable de passer à côté, de se dire je pourrais l'être, je pourrais le faire, mais je ne le ferai pas. Quitter une entreprise, avoir le courage de dire « je pars, vous ne me méritez pas », voilà aussi une forme de voyage.

Le voyage nous ramène à des valeurs de vie basiques et plus saines qui m'excitent et me servent énormément. Il m'éloigne du risque d'être hors-sol. Je me souviens d'une phrase de l'abbé Pierre lors d'une émission à laquelle j'avais participé. Il avait expliqué que, à un moment donné, la notoriété devient une véritable vacherie. C'est vrai. Bien que je me méfie de ce qui pourrait m'épingler à ma zone de confort, à un mausolée définitif, j'avais tout de même fantasmé la réussite professionnelle en me disant que je me paierais un super appartement. Je l'ai fait et je ne m'y suis pas senti bien. Depuis que je vis sur une péniche, je finis par être heureux. Pourtant, il n'y a rien d'autre sur ce bateau qu'une bonne douche, un bon lit et une microcuisine. Il n'est même pas confortable d'y monter puisque, située en deuxième rang, il faut traverser le pont de mes voisins pour y accéder. Heureusement, ce sont des gens sympathiques et nous nous rendons des services mutuels.

La péniche, c'est déjà un voyage, elle m'a désembourgeoisé. Alors, oui, ça bouge un peu, la même sensation de roulis que sur un bateau, et j'ai mis longtemps à y trouver mes marques. Je dors encore moins que d'habitude mais mieux, je mange également moins, c'est ma façon de m'adapter à la situation.

J'ai toujours été abonné au *Guide du routard* ou au *Lonely Planet*, parce que j'ai toujours détesté les voyages organisés, en groupes. J'ai eu la chance de croiser des femmes qui savaient voyager – je pouvais tourner les talons si je voyais arriver un amoncellement de valises ou une flopée de produits de maquillage – et que cela rendait encore plus excitantes. Toutes celles qui ont voyagé avec moi étaient soit mes compagnes soit des routardes, et je n'en ai pas rencontré cinquante qui avaient cette fibre du voyage pour dire : « Je plaque tout et je me tire avec toi. » C'est ce qui est fou chez les femmes, cette faculté à vivre l'amour à fond. Elles peuvent quitter un homme sans en avoir un autre, eux le font très rarement. Ils sont dans l'analyse de la situation, du danger, dans la construction et l'assurance. Ma part féminine est peut-être là, dans ma capacité à dire : « OK, je claque la porte, je laisse tomber le matériel et je me tire. » *Alea jacta est*, la messe est dite. C'est ce qui me fait encore avancer aujourd'hui. « Le mouvement est le principe de toute vie », a écrit Léonard de Vinci.

W

Week-end

« Un prodigieux point de recentrage dans ma vie. »

Mes week-ends, c'est la planète Mars ! Une fois par mois et pas forcément en fin de semaine, je coupe avec tout ou presque – le Web, le mobile, la cadence professionnelle, le rythme alimentaire… En général, je m'isole soixante-douze heures, c'est juste un peu trop long pour me donner envie de reprendre ma trajectoire, et je me plonge dans un univers très intime, hors du temps. Finalement, je crée une rupture, un palier de décompression qui m'aide à me recentrer sur qui je suis ; j'adore cela. Ce peut être un week-end nature, un week-end trek, un week-end sport. Ce peut être aussi un week-end jeûne, un jeûne numérique dans le sens où je ne vais plus avoir aucune connexion avec le monde virtuel – ce qui énerve bon nombre de mes proches – ou un jeûne alimentaire, qui me donne l'impression d'un nettoyage total à la façon du four à pyrolyse. Il faut dire que mon quotidien professionnel est totalement rythmé par les horaires de repas, je suis lié à un type d'alimentation très élaboré, avec une relation à la transformation de la nourriture parfois totalement fantasmée : j'ai besoin de retrouver des bases solides, simples. Pour ce break alimentaire, je pars soit au col d'Iraty, au Pays basque, soit au fin fond du pays bigouden, en Bretagne.

Mais le week-end, ça peut être aussi d'aller chiner un samedi ou un dimanche matin aux Puces de Saint-Ouen ou à celles de Bruxelles, le long des rues basses fort agréables où je prends le temps d'observer, ça peut être encore de me lever de bonne heure pour flâner dans Paris, déambuler au marché, glaner un vinyle chez un de mes disquaires favoris. Je donne du temps au temps et ce temps n'a rien à voir avec celui de l'horloge. Jamais l'idée ne me viendrait de me coller devant la télé. Je peux passer des week-ends à écouter de la musique et à écrire. Je rédige quelques articles pour des magazines, j'écris un roman, un polar, une réflexion pour répondre aux épreuves de la vie : *La Stratégie de la libellule*[1]. Et puis je lis. De tout. Ces week-ends sont des bulles d'oxygénation absolue.

---

1. Le Cherche-Midi, 2018.

Je fais partie de ces personnes qui écoutent un peu leur corps ; c'est sûrement d'ailleurs la seule chose que j'écoute sérieusement ! Lorsque je sens la fatigue s'installer, mon organisme dire stop, je sais que je ne suis pas à l'abri du coup de blues, d'une petite déprime accompagnée d'une dose d'irritabilité à l'égard de ceux qui m'entourent. C'est le signal. Pour faire renaître le désir, je dois partir recharger les batteries, seul, m'éloigner un peu de mon environnement pour de nouveau pouvoir me dire : ils sont vraiment sympas les gens avec qui j'ai l'occasion de travailler ou de vivre.

Encore faut-il que mon entourage soit assez compréhensif pour accepter ce besoin de solitude qui troublait déjà ma famille lorsque j'étais gamin, et qu'il ne m'assène pas de réflexions trop acides… C'est compliqué d'expliquer que l'on a besoin de partir pour retrouver l'envie d'avoir envie, que l'on n'est pas sûr de pouvoir ou de savoir le faire à deux parce que, alors, on adopte une posture d'écoute et de partage, que ce n'est pas tromper l'autre que de prendre le large de temps à autre. Lorsque je vivais dans le monde agricole, je me souviens que l'on changeait régulièrement le bétail de pré pour ne pas qu'il déprime, parce que l'habitude tue. Les vaches étaient plus joyeuses, les taureaux plus puissants ; avec notre mode de vie contemporain, on a oublié que pour changer d'air, le déplacement est indispensable.

Dans ma petite enfance, les week-ends étaient ennuyeux pour toute la famille. Mes parents travaillaient dur, ils consacraient leurs fins de semaine, y compris le samedi soir, aux courses et au ménage. Restait disponible une petite partie du dimanche matin puis tombait l'anxiété du dimanche soir. Aujourd'hui, je ne considère pas le dimanche soir, il n'existe pas pour moi. J'ai horreur du dimanche soir dans toutes les villes du monde où j'ai vécu, peut-être est-ce un peu moins vrai pour Hong Kong, mais, en règle générale, il est plat. Je n'ai jamais adhéré à ce diktat qui impose de s'arrêter de travailler le vendredi soir pour recommencer le lundi matin. Il faut dire qu'à quinze ans, je suivais mon apprentissage en pâtisserie et que l'on travaillait le samedi et le dimanche. On entamait dès le mardi la production de ce qu'on allait servir à nos clients le week-end et le dimanche, la boutique regorgeait de pâtisseries. Ma vision du week-end était donc assez tronquée. Plus tard, en raison de ce métier, je me suis inventé des week-ends autrement. C'était d'abord plutôt le lundi et le mardi puis, l'âge avançant, je me suis dit : maintenant, le week-end ce sera soixante-douze heures une fois par mois parce que c'est ce qui me convient le mieux. Alors, même décalé, le week-end reste un prodigieux point de recentrage dans ma vie.

X

Xénophobie

« C'est la peur qui fait le lit de la xénophobie. »

Nous n'avons pas le choix. Nous devons lutter contre toutes les formes de xénophobie, parce qu'elles attestent le rejet de l'autre et que ce mécanisme d'hostilité donne cours à des scènes d'interactions choquantes entre des « bourreaux » et des boucs émissaires. Mais les choses ne sont pas si simples et je pèse mes mots en disant cela : comment ne pas être tenté par ce sentiment lorsque l'on n'a pas confiance en soi et que l'on a peur des autres, quand on souffre, que sa famille souffre, que son quartier souffre de voir arriver ce que l'on ne comprend pas ? J'aimerais que tout le monde soit bien né dans des quartiers où les familles sont intelligentes, bienveillantes et instruites. Moi, je ne suis pas né là. Ce que je sais, c'est qu'on ne nous a rien proposé, on nous a tout imposé. Nous étions des familles d'Europe de l'Est arrivées en France en même temps que des Italiens ou des Portugais, nous partagions le quartier avec des séfarades, des ashkénazes, on se connaissait, on se comprenait assez bien et finalement, même si persistaient quelques différences religieuses, elles demeuraient minimes. Lorsque nous avons déménagé dans d'autres quartiers, de nouvelles communautés nous ont été imposées. Nous ne nous connaissions pas, les nouveaux étaient différents et nous allions devoir partager avec eux, alors qu'il n'y avait pas grand-chose à mettre en commun. Nous pouvions être tentés de crier à l'envahisseur et là, on nous aurait condamnés en nous faisant remarquer qu'à ne pas vouloir accepter l'autre, nous devenions xénophobes. Il faut connaître l'autre pour pouvoir l'accepter, c'est un véritable travail.

C'est la peur qui fait le lit de la xénophobie et cette peur se vend très bien. Je me souviens du tract d'un parti politique probablement d'extrême droite, c'était dans les années 1970, il prévenait les Français qu'ils ne pourraient bientôt plus se faire soigner dans les hôpitaux, car on y soignait les étrangers et qu'il n'y aurait plus assez de lits pour eux, qu'ils allaient payer plus cher l'école de leurs enfants parce que les étrangers, eux, ne la payaient pas, etc. Résultat : lorsque ces Français croisaient un quidam qui n'avait pas la même couleur de peau qu'eux, qui semblait ne pas travailler – et même s'il travaillait d'ailleurs –, la tentation était grande d'en faire le bouc émissaire de leurs malheurs.

Le danger est là, mais il faut pourtant faire attention de ne pas trop accabler ces Français. Ils n'ont pas été préparés. Le discours xénophobe, il faut être à son écoute et tenter de le démonter : « Non, là, je pense que vous vous trompez. Voilà les faits que vous exposez, vous voyez bien qu'ils ne sont pas réels, parce que… »

Lorsque, aujourd'hui, je recrute, il serait parfois presque plus facile pour moi d'engager des gens issus d'un flux migratoire que des gens installés en France. Mais on me dit que je ne peux pas dire cela, que ce doit être les Français d'abord. *America first*, le slogan de Trump était idiot, limite même pour un peuple d'immigrés qui n'a que trois cents ans, il commence d'ailleurs à déranger certains, mais n'est-ce pas le même sujet ?

Le bruit et l'odeur… Cette expression extraite du discours d'Orléans prononcé par Chirac en 1991 m'avait beaucoup choqué. Elle désignait les désagréments supposément causés par certaines personnes immigrées en France. Le groupe de rock français Zebda en avait fait le titre de son deuxième album, l'une des chansons dénonce d'ailleurs l'oubli de la société envers ces parents et grands-parents d'immigrés tombés à Monte Cassino durant la Seconde

Guerre mondiale pour défendre le drapeau français. On aurait pu se dire : M. Chirac est xénophobe, mais quand on habite dans ces quartiers précarisés, on se dit : c'est un peu vrai ce qu'il raconte. Voilà déjà un signe de xénophobie et c'est terrifiant.

Je ne peux condamner trop vite les gens qui développent un réflexe xénophobe par manque de connaissance. Quand une ribambelle de marmots envahit le palier, que leurs parents touchent des allocations familiales et que vous avez le bruit et l'odeur... C'est la culture générale qui permet de disposer d'un peu de réflexion pour mettre du temps entre l'observation et la compréhension des choses. C'est pour cette raison que je n'ai parfois pas condamné des propos malsains. Parce qu'ils sont souvent simplement le fruit de la méconnaissance et que la méconnaissance date de Victor Hugo. Quand on ne comprend plus, que l'on n'arrive plus à mettre de mots sur la peur, la violence s'installe.

La xénophobie, c'est cela : ne pas être capable de poser des mots sur la peur. Cela a toujours existé, mais, aujourd'hui, avec la mise en réseau des ordinateurs, tout circule plus vite qu'avant. Et ce tout est parfois nauséabond. La part d'ombre de ces réseaux permet d'insulter sans être vu, replié dans son petit univers délétère à écouter des gens aux propos écœurants. Ces youTubeurs et autres acteurs des réseaux ont l'air tellement malheureux lorsqu'ils apparaissent au grand jour ! À la limite de la crasse, de la misère intellectuelle. Alors, évidemment, lorsqu'on est soi-même désespéré, il est facile de penser que c'est la faute de l'autre.

Je discutais récemment avec une personne qui pensait que tous les Juifs étaient banquiers ou francs-maçons. J'avais beau lui demander dans quelle planète elle vivait, lui expliquer que je participais tous les ans à un banquet de soutien aux personnes précaires du monde judaïque, elle répliquait que ce n'était pas possible puisque, entre banquiers et francs-maçons, on s'entraidait et qu'on ne pouvait faire carrière si on ne l'était pas.

On a laissé faire, on a laissé la place à cet imaginaire et, aujourd'hui, cela s'est accéléré. C'est une des raisons pour lesquelles je ne me connecte pas. J'aime rencontrer les gens, discuter sereinement, à visage découvert, dire ce que je pense droit dans les yeux. Je ne suis pas de cette génération qui utilise les pseudos parce que s'exposer physiquement serait trop difficile. On me demande souvent pourquoi je n'ai pas de compte Tweeter ou Instagram. Parce que j'ai une assistante qui s'occupe de cela et qui poste parfois quelques jolies photos que je lui fournis. Je n'ai pas l'intention de me faire insulter ou de lire des commentaires désobligeants. Si les gens ont quelque chose à me dire lorsqu'ils me croisent dans la rue, qu'ils le fassent et je répondrai, je n'ai aucun problème à le faire.

Si je me coupe de l'actualité, c'est parce qu'à la cantine nous avons en permanence les chaînes d'actualités et toutes les chaînes du Web. Il faut voir comme il est plombant pendant le repas d'écouter des litanies interminables d'informations négatives et d'analyses qui le sont plus encore. Dès qu'une décision est prise, il y a déjà dans la foulée le pour et le contre, sans qu'on ne laisse jamais le temps au téléspectateur d'entrevoir autre chose, de se tromper peut-être mais d'en tirer l'usufruit pour construire une pensée. Tout est ramené à telle ou telle comparaison, toute initiative est tuée dans l'œuf.

J'ai toutefois l'impression que cette capacité à s'insulter de façon numérique ne durera pas, que l'on va finir par épuiser le système et passer à autre chose. Aujourd'hui, Facebook est devenu pantouflard, presque ringard, un réseau pour le troisième âge dont les jeunes se détournent. Ils commencent à se reconnecter entre eux, à revenir consommer au comptoir, à parler à de vraies gens, à aimer la diversité, les entreprises qui s'engagent et emploient de l'humain. Il y a cela dans le mouvement des Gilets jaunes, la redécouverte des vraies gens, d'une dynamique humaine possible qui permet de croire que la solution est entre nos mains, dans les projets individuels et collectifs et non uniquement entre les mains de l'État.

Ces mondes qui ont fait s'opposer les contraires, de droite comme de gauche, non pas dans l'intérêt général mais dans l'intérêt partisan, ont fait naître une précarité, le précariat, constitué de gens vulnérables, désécurisés, fragiles socialement et économiquement : le terreau de la xénophobie.

Y

Yankee

« Yankee, c'est un mot dont je me sens fier.
Il caractérisait le pays de tous les possibles. »

Je retiens Yankee pour Y et Zoulou pour Z, parce que ce sont en général les codes radio que l'on utilise dans l'armée et qu'ils me plaisent.

Yankee me fait songer à mes enfants qui vivent aux États-Unis, et puis à mon papa. Fasciné par la culture américaine, il pensait rock'n'roll et rockabilly, rêvait western, adorait les films de John Ford comme *L'homme qui tua Liberty Valance*. Je me souviens notamment de *La Dernière Séance*, l'émission d'Eddy Mitchell consacrée aux classiques du cinéma américain dans les années 1980 que nous regardions ensemble avec bonheur. Pour sa génération, l'attractivité yankee était extrêmement forte. Il régnait alors le mythe du héros américain, du cow-boy, homme libre de la plaine, tout un univers musical aussi que nos parents nous ont fait découvrir avant la pop musique. Des chanteurs comme Dean Martin qu'écoutait mon oncle, ceux qui faisaient des shows magiques à Las Vegas, Johnny Cash et sa voix de baryton caractéristique qui me fascinait ; il avait cassé les codes de la country pour en faire un mix de blues et de rockabilly. J'écoutais sans les comprendre les mots anglais utilisés dans les textes, je me régalais de *Streets of Laredo*, la célèbre ballade traditionnelle de cow-boy. Et puis le Pento, cette brillantine américaine que mon père s'appliquait sur les cheveux pour se coiffer comme un Américain ; la mythique route 66 de Chicago à Santa Monica sur la côte californienne, à parcourir en Harley évidemment ; New York, les Marx Brothers et Humphrey Bogart pour le cinéma... C'est mon père qui m'a transmis ce goût des États-Unis, d'un pays neuf dans lequel il n'avait probablement jamais osé aller.

Yankee, c'est un mot dont je me sens fier. Il caractérisait le pays de tous les possibles et qui le reste. On peut dresser toutes les critiques que l'on veut, s'ériger en donneur de leçons, quoi qu'on en dise les États-Unis demeurent le pays de l'entrepreneur, un pays qui sait se ranger derrière sa bannière aussi. Vous êtes philippin, vous débarquez aux États-Unis, on vous donne une carte verte : vous devenez américain et vous saluez le drapeau américain ; je ne suis pas certain que l'on ait autant réussi l'intégration des minorités dans notre pays. Je me souviens d'un séminaire de management animé à Washington par Colin Powell, un général américain extraordinaire, chef d'état-major des armées. Il n'était plus en activité à l'époque et il racontait cette anecdote : un jour qu'il mangeait un hot-dog à New York, il adorait cela, le patron philippin avait refusé qu'il paye. Devant son étonnement, ce dernier avait expliqué : « Non, je ne veux pas que vous payiez, parce que c'est grâce à des gens comme vous que je suis là, que j'ai une entreprise et que j'ai pu m'épanouir socialement. » Moi, cela me plaît, c'est ce qui a fait naître mon désir de me confronter au marché américain. Nous montons actuellement une école aux États-Unis et nous avons besoin de lever des fonds. Eh bien, il y a des Américains qui nous font des dons de charité et qui nous disent : « Non, ne parlez pas de moi, je donne ce que le système m'a permis d'avoir, c'est tout. » On peut dire ce que l'on veut, cette démarche me semble plutôt saine.

Lorsqu'on visite le cœur profond de l'Amérique, le pays ne laisse pas indifférent. On sent bien qu'avec un peu de courage, un petit peu d'audace et de passion, en montrant ce que l'on vaut, on pourra finalement avoir ce que l'on cherche plus facilement qu'en France. Parce que personne ne s'attache à votre passé, à vos origines sociales et que, par contre, si vous réussissez, on sera très admiratif. Cette dimension de pionnier reste accrochée à l'ADN du pays. Aux enchères, j'ai entendu des salves d'applaudissements devant une Corvette qui partait à 120 000 dollars, parce que les gens pensaient : « Ah tiens, il peut se payer ça, c'est génial ! »

Je ne dis pas qu'il n'existe pas d'inégalités sociales, ce serait se cacher derrière son petit doigt, mais c'est encore un pays où l'on pense que le champ des possibles est presque infini.

Pour un reportage, j'ai travaillé avec l'agence Capa à la lisière du Mexique. Je me souviens de ces longues files de Mexicains qui attendaient inexorablement de passer la frontière pour se rendre à San Diego. J'avais envie de leur dire : pourquoi avez-vous envie d'aller dans ce putain de pays, construisez donc le vôtre ! Mais non, l'attractivité de la réussite américaine est plus forte. Accompagné d'un pasteur de San Diego, je me rendais dans le désert pour déposer de l'eau et des vêtements aux migrants. C'était assez émouvant de voir ces gens prêts à mourir pour un pays. J'ai rencontré des vétérans mexicains aux décorations absolument incroyables. Ils s'étaient battus avec les États-Unis et en avaient été expulsés. Sans nationalité, ni mexicaine ni américaine, ils vivaient comme apatrides dans une sorte de no man's land. Mais lorsqu'ils mouraient, ils se faisaient enterrer à Arlington, au Texas ! Ce qui est paradoxal, c'est qu'un Trump veuille construire un mur, alors que les Américains continuent à utiliser sans se priver la main-d'œuvre mexicaine qui attend patiemment qu'on vienne l'embaucher…

L'Amérique, c'est le pays de tous les excès, de toutes les folies, un pays innovant par la contrainte et qui ne me laisse pas indifférent. Je ne peux me rendre dans le moindre coffee-shop du Middle West sans penser : oui, c'est ça le rêve américain. L'arôme du café, les pancakes, Elvis… c'est l'Amérique dont j'ai rêvé, l'Amérique de mon père. J'aurais tellement aimé lui raconter ce pays dont il rêvait devant les images télévisées et que j'ai découvert en le visitant. Mais je ne l'ai pas revu à temps. Maintenant, mes enfants y vivent et je vais monter un business à Miami, parce que j'y ai eu une opportunité. Je suis un Yankee, c'est drôle !

Z

Zoulou

« Apaches et blousons noirs. »

J'aime bien le mot Zoulou, non pas pour avoir découvert l'Afrique du Sud et la culture zouloue extrêmement riche et intéressante, mais parce qu'il me fait penser aux Apaches, la dénomination donnée aux mauvais garçons des hauts de Ménilmontant au début du XXe siècle, avant qu'ils ne prennent le nom de Blousons noirs. C'étaient des types assez débrouillards qui vivaient sur les fortifs, les fortifications du Pré-Saint-Gervais et de la porte des Lilas. Dans les années 1930 et la génération de mon grand-père, c'était une référence. Les gens parlaient de leur rencontre avec des Apaches pour expliquer qu'ils s'étaient bastonnés avec des voyous. C'était plus chic, plus racé. Maurice Chevalier les évoquait souvent dans ses chansons, en particulier dans « Prosper (yop la boum !) » (1935). L'attractivité des mauvais garçons ! On allait danser la java, la rue de Lappe faisait rêver le bourgeois…

Je suis très attaché au XXe arrondissement de Paris, j'y suis né. Mais le voyou ne m'a jamais fait rêver et je n'ai aucune tendresse pour lui. Il m'a toujours paru assez fragile, tôt ou tard je savais que cette fragilité le priverait de liberté. Or, moi, ce à quoi je tenais le plus, c'était la liberté – je ne pouvais prendre le risque de me laisser enfermer par les codes des mauvais garçons.

Du même auteur

Le Médoc, vins et recettes : entre terre et estuaire,
avec D. Hervier, Minerva, 2001.

Planète Marx, Minerva, 2006.

Easy Marx, Minerva, 2007.

Sweet Marx, Le Rouergue, 2010.

Daily Marx, La Martinière, 2011.

Bon !, avec J.-M. Cohen, Flammarion, 2011.

Street Marx, Le Rouergue, 2011.

Comment je suis devenu chef étoilé,
avec J.-C. Raspiengeas, Bayard, 2011.

Best of Thierry Marx, Alain Ducasse Édition, 2012.

Le Répertoire de la cuisine innovante,
avec R. Haumont, Flammarion, 2012.

Système D : la cuisine des débrouillards,
Flammarion, 2013.

Paris Marx, Flammarion, 2014.

L'Homme positif, éd. Michel Lafon, 2015.

L'Histoire à la carte, avec B. Thomasson,
La Martinière, 2015.

L'Innovation aux fourneaux, avec R. Haumont,
Dunod, 2016.

On ne meurt pas la bouche pleine,
avec O. Bouhier, Plon, 2017.

Chefs à la carte, avec B. Thomasson,
Éditions du Seuil, 2018.

La Stratégie de la libellule,
Le Cherche Midi, 2018.

Table des matières

Dans la même collection
Le dictionnaire de ma vie

Claude Lelouch, 2016
Michael Lonsdale, 2016
Patrice Leconte, 2017
Michel Leeb, 2017
Louis Chedid, 2018
Éric Dupond-Moretti, 2018
Gérard Jugnot, 2018
Gérard Darmon, 2019
Élie Chouraqui, 2019

Photocomposition : NORD COMPO À VILLENEUVE-D'ASCQ

Achevé d'imprimer en octobre 2019
par CPI BRODARD & TAUPIN (72200 La Flèche)
pour le compte des éditions KERO
21, rue du Montparnasse 75006 Paris

PAPIER À BASE DE
FIBRES CERTIFIÉES

KERO s'engage pour
l'environnement en réduisant
l'empreinte carbone de ses livres.
Celle de cet exemplaire est de :
600 g éq. CO_2
Rendez-vous sur
www.kero-durable.fr

N° d'éditeur : 01
N° d'imprimeur : 3035818
Dépôt légal : novembre 2019
Imprimé en France